中华精神家园

古建风雅

皇家御苑

非凡胜景的皇家园林

肖东发 主编　杨宏伟 编著

中国出版集团

现代出版社

图书在版编目（CIP）数据

皇家御苑：非凡胜景的皇家园林 / 杨宏伟编著. —
北京：现代出版社，2014.5（2019.1重印）
ISBN 978-7-5143-2318-4

Ⅰ. ①皇… Ⅱ. ①杨… Ⅲ. ①古典园林－介绍－中国
Ⅳ. ①K928.73

中国版本图书馆CIP数据核字(2014)第085384号

皇家御苑：非凡胜景的皇家园林

主　　编：肖东发
作　　者：杨宏伟
责任编辑：王敬一
出版发行：现代出版社
通信地址：北京市定安门外安华里504号
邮政编码：100011
电　　话：010-64267325 64245264（传真）
网　　址：www.1980xd.com
电子邮箱：xiandai@cnpitc.com.cn
印　　刷：三河市华晨印务有限公司
开　　本：710mm×1000mm　1/16
印　　张：10
版　　次：2015年4月第1版　2021年3月第4次印刷
书　　号：ISBN 978-7-5143-2318-4
定　　价：29.80元

　　党的十八大报告指出："文化是民族的血脉，是人民的精神家园。全面建成小康社会，实现中华民族伟大复兴，必须推动社会主义文化大发展大繁荣，兴起社会主义文化建设新高潮，提高国家文化软实力，发挥文化引领风尚、教育人民、服务社会、推动发展的作用。"

　　我国经过改革开放的历程，推进了民族振兴、国家富强、人民幸福的中国梦，推进了伟大复兴的历史进程。文化是立国之根，实现中国梦也是我国文化实现伟大复兴的过程，并最终体现为文化的发展繁荣。习近平指出，博大精深的中国优秀传统文化是我们在世界文化激荡中站稳脚跟的根基。中华文化源远流长，积淀着中华民族最深层的精神追求，代表着中华民族独特的精神标识，为中华民族生生不息、发展壮大提供了丰厚滋养。我们要认识中华文化的独特创造、价值理念、鲜明特色，增强文化自信和价值自信。

　　如今，我们正处在改革开放攻坚和经济发展的转型时期，面对世界各国形形色色的文化现象，面对各种眼花缭乱的现代传媒，我们要坚持文化自信，古为今用、洋为中用、推陈出新，有鉴别地加以对待，有扬弃地予以继承，传承和升华中华优秀传统文化，发展中国特色社会主义文化，增强国家文化软实力。

　　浩浩历史长河，熊熊文明薪火，中华文化源远流长，滚滚黄河、滔滔长江，是最直接的源头，这两大文化浪涛经过千百年冲刷洗礼和不断交流、融合以及沉淀，最终形成了求同存异、兼收并蓄的辉煌灿烂的中华文明，也是世界上唯一绵延不绝而从没中断的古老文化，并始终充满了生机与活力。

　　中华文化曾是东方文化摇篮，也是推动世界文明不断前行的动力之一。早在500年前，中华文化的四大发明催生了欧洲文艺复兴运动和地理大发现。中国四大发明先后传到西方，对于促进西方工业社会的形成和发展，曾起到了重要作用。

中华文化的力量，已经深深熔铸到我们的生命力、创造力和凝聚力中，是我们民族的基因。中华民族的精神，也已深深植根于绵延数千年的优秀文化传统之中，是我们的精神家园。

总之，中华文化博大精深，是中国各族人民五千年来创造、传承下来的物质文明和精神文明的总和，其内容包罗万象，浩若星汉，具有很强的文化纵深，蕴含丰富宝藏。我们要实现中华文化伟大复兴，首先要站在传统文化前沿，薪火相传，一脉相承，弘扬和发展五千年来优秀的、光明的、先进的、科学的、文明的和自豪的文化现象，融合古今中外一切文化精华，构建具有中国特色的现代民族文化，向世界和未来展示中华民族的文化力量、文化价值、文化形态与文化风采。

为此，在有关专家指导下，我们收集整理了大量古今资料和最新研究成果，特别编撰了本套大型书系。主要包括独具特色的语言文字、浩如烟海的文化典籍、名扬世界的科技工艺、异彩纷呈的文学艺术、充满智慧的中国哲学、完备而深刻的伦理道德、古风古韵的建筑遗存、深具内涵的自然名胜、悠久传承的历史文明，还有各具特色又相互交融的地域文化和民族文化等，充分显示了中华民族的厚重文化底蕴和强大民族凝聚力，具有极强的系统性、广博性和规模性。

本套书系的特点是全景展现，纵横捭阖，内容采取讲故事的方式进行叙述，语言通俗，明白晓畅，图文并茂，形象直观，古风古韵，格调高雅，具有很强的可读性、欣赏性、知识性和延伸性，能够让广大读者全面接触和感受中国文化的丰富内涵，增强中华儿女民族自尊心和文化自豪感，并能很好继承和弘扬中国文化，创造未来中国特色的先进民族文化。

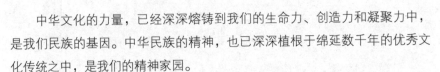

2014年4月18日

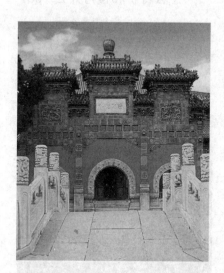

仙山琼阁——北海公园

园林经典——静宜园

万园之园——圆明园

皇家博物馆——颐和园

北海公园

北海公园位于北京市中心区，景山西侧，在故宫的西北面，与中海、南海合称三海，是我国古代的皇家园林。

这里早在辽、金、元时就已经开辟，明、清时辟为帝王御苑，是我国最古老、最完整、最具综合性和代表性的皇家园林之一，也是我国保留下来的最悠久的皇家园林。

北海公园内亭台别致，游廊曲折。全园以神话中的"一池三仙山"为构思布局，形式独特，富有浓厚的幻想意境色彩。这里水面开阔，湖光塔影，苍松翠柏，花木芬芳，亭台楼阁，叠石岩洞，绚丽多姿犹如仙境，素有"仙山琼阁"的美誉。

初建的辽金元时期

传说，浩瀚的东海上有三座仙山，分别叫作蓬莱、瀛洲和方丈，山上住着长生不老的神仙。秦始皇统一我国之后，曾派方士徐福前往东海寻找长生不老药，可是一无所获。

北海公园长廊

到了汉朝，汉武帝也做起了长生不老之梦，可寻找仍然没有结果，于是下令在长安北面挖了一个大水池，名"太液池"，池中堆起三座假山，分别以蓬莱、瀛洲、方丈三仙山命名。

自此以后，历代皇帝都喜欢仿效"一池三山"的"神仙形式"来建造皇家宫苑。似乎只有这样，自己才能像"神仙"一样长生不老。

发源于山西桑乾河在河北省纳

■北海公园牌坊

源与源自内蒙古高原的洋河流经官厅汇合后称永定河，流经北京和天津之后进入海河，最终注入渤海。

永定河河道南迁之后，留下了一片原野和池塘，水中有岛名为"瑶屿"。地势像极了"一池三山"的模式，遂成为历代皇室看中的风水宝地。

938年，辽太宗耶律德光建都燕京后，就在城东北郊的白莲潭建立了"瑶屿行宫"，因开挖湖泊堆积泥土，日渐形成了水中岛屿，称为"圆砥"。

据《辽史》记载：

> 西城巅有凉殿，东北隅有燕角楼、坊市、观，盖不胜书。

《洪武北平图经》中记载"琼华岛辽时为瑶屿"，都可以证明"瑶屿行宫"的存在。

金国灭辽国后，改燕京为"中都"。金国海陵王完颜亮在1150年，也就是天德二年扩建了"瑶屿行

方士 尊崇神仙思想而推奉方术之士。《史记·秦始皇记》："方士欲炼以求奇药。"方士的出现不晚于周，至秦汉大盛，并逐渐形成了专门的方士集团，即所谓方仙道或神仙家。又以所主方术不同而有行气吐纳、服食仙药、祠灶炼金、召神劾鬼等不同派别。神仙思想及其方术，成为后世道教的核心内容与精神支柱。

皇家御苑

非凡胜景的皇家园林

■ 北海公园琼华岛

汴梁 即开封市，地处中华民族历史发源地、我国文化摇篮的黄河南岸，是一座历史文化悠久的古城。是北宋时的国都，简称汴，汴梁是开封在元明两宋时代的称呼。在漫长的历史长河中，开封素以物华天宝、人杰地灵而著称，其政治、经济、文化的发展，不但对中原地区而且对全国曾产生过巨大的影响。

宫"，增建了"瑶光殿"。

1163年至1179年间，金世宗完颜雍仿照北宋汴梁的艮岳园建造了琼华岛，并从"艮岳"御苑运来大量的太湖石砌成假山岩洞，在中都的东北郊以瑶屿为中心，修建了大宁离宫。

又将挖湖的泥土用以扩充琼华岛和圆坻，在琼华岛上建造广寒殿的同时，在圆坻上也建起了一座殿宇，和广寒殿遥遥相对。从这个时候开始，以瑶屿为中心的一片区域就逐渐形成了皇家宫苑的格局。

当时，把挖"金海"的土扩充成岛屿和环海的小山，岛称"琼华岛"，水称"西华潭"，并重修了"广寒殿"等建筑。

1260年，忽必烈在开平即位，做了蒙古汗国的第五任"大汗"。由于向南夺取南宋江山的需要及向北控制蒙古各部的方便，忽必烈接受亲信霸突鲁和刘秉忠的建议，决定在原金中都之地建都。

因金中都已于1215年被蒙古军队彻底摧毁，忽必烈采纳太保刘秉忠的规划，选择以金中都东北郊外的大宁宫为中心建立新都。新都建成之前，忽必烈经常住在大宁宫。

在建设元大都期间，曾在永安寺遗址中残存的"释迦舍利之塔"塔基下，发掘出一座石函，石函中有一小铁塔，铁塔中有一铜瓶，瓶中存有释迦牟尼佛舍利20粒。

更为奇特的是，瓶底还有一枚铜钱，钱上铸有"至元通宝"四个字。忽必烈闻知后极为高兴，因为他的年号就是"至元"，而100多年前埋入塔基的铜钱居然已有"至元"的年号，这岂非天意昭示，他这个"至元皇帝"确系真命天子吗？

年号 是我国古代独创发明的产物，源于周朝的召穆公和周定公共同执政的共和时代，但其后的周天王们没有延续这一制度。直到西汉武帝刘彻即位，中国开始启用年号制度。除了用于纪年以外，另外还表示祈福、歌颂和改朝换代。年号发起于新皇登基，为了区别上一任皇帝，新皇帝根据自己的思想，起一个新的年号，是我国皇帝的专有产物，也是我国历史中的精神文化遗产。

■ 北海公园亭榭

■ 北海公园琼华岛
白塔

八思巴 （1239
年—1280年），
藏传佛教喇萨迦
派第五代祖师，
吐蕃萨斯迦人。
本名罗古罗思监
藏，八思巴是尊
称。1209年，忽
必烈从受佛戒。
1260年，忽必烈
即位，尊八思巴
为国师，统天下佛
教徒。1264年，
使领总制院事，
统辖藏区事务。
1270年，制成蒙
古新字，加号大
宝法王。1277年
还至萨斯迦。

加之忽必烈制定的国策是"以儒治国，以佛治心"，佛教圣物佛舍利的出现，更有利于推行"以佛治心"的国策。

另外，忽必烈自己也是佛教信徒，他尊奉藏传佛教高僧八思巴为"帝师"，接受过八思巴举行的"金刚灌顶"仪式，他希望借助佛的法力保佑江山永固，当然也是在借崇佛来强化西藏对朝廷的归顺。

为了供奉佛教圣物佛舍利，保佑大元江山永固，1271年忽必烈下令建一座巨大的佛塔。在元初留下的《圣旨特建释迦舍利灵通之塔碑文》中明确指出：

> 恒虑新都既建，宜卜永年，以福为基，
> 莫如起塔，冀神龙之扶护，资社稷之久长。

因为忽必烈以藏传佛教为国教，所以他选择了帝师八思巴推荐的精通藏式佛塔的尼泊尔工匠阿尼哥来负责永安寺白塔的设计和督建。

"塔"是古印度梵语"浮屠"的译音字。佛舍利是释迦牟尼遗体火化后凝结成的小颗粒。造塔供奉佛舍利是古印度信徒盛行的做法。藏式佛塔的样式来源于古印度。

阿尼哥设计建造的藏式佛塔白塔，塔身主体像一个倒置的钵盂，所以又叫"覆钵式塔"。塔身下部有一圈由24个巨大花瓣组成的莲花座和塔座相连。塔身上部，有一座下粗上细的呈圆锥状的"长脖子"，叫相轮，因相轮有13道圆环，也叫"十三天"。

"十三天"是塔的等级标志，说明这是供奉佛舍利的佛塔，而不是一般的塔。白塔顶部为鎏金火焰宝珠塔刹，上有铜制的"日"、"月"、"火焰"，宝顶下是铜铸的华盖，其边缘悬挂14个铜钟，华盖表示对佛的尊崇。

华盖直径9.7米，华盖周边悬挂着36片铜质透雕花纹的华幔，每片华幔下悬挂一个铜质的风铃。华盖之上是一座高约5米，重约4吨的铜质空心镏金的宝顶，形状像个小塔，是全塔的最高点。整座佛塔高

舍利 原指佛教祖师释迦牟尼佛，圆寂火化后留下的遗骨和珠状宝石样生成物。舍利子译成中文叫灵骨、身骨、遗身。它的形状千变万化，有圆形、椭圆形，有成莲花形，有的成佛或菩萨状；它的颜色有白、黑、绿、红的，也有其他颜色；有的像珍珠，有的像玛瑙、水晶；有的像钻石一般。

■ 北海善因殿

仙山琼阁

北海公园

■ 白塔秋景

忽必烈（1215年—1294年），蒙古族，元朝的创建者。孛儿只斤·忽必烈建立了幅员辽阔的统一多民族国家元朝。他在位期间，建立行省制，加强中央集权，使得社会经济逐渐恢复和发展，是蒙古族卓越的政治家、军事家。谥号圣德神功文武皇帝，庙号世祖。

50.9米，砖石结构，通体洁白。塔身上还刻有许多佛像。

当藏式佛塔的样式固定后，其形制便有了特定的含义。塔基为方，象征"地"，塔身圆，象征"水"，塔刹下大上小呈三角，象征"火"，华盖伞，象征"风"，此四者为佛教认为的构成世界的基本元素。

藏式佛塔通体银白，表示清洁、纯净和心诚。按照藏传佛教仪轨，塔建成后，还要在塔身、塔基内装入大量佛教法物、珍宝，工程才算圆满，塔才产生"灵性"。

1264年，元世祖忽必烈决定在旧中都城的东北郊选择新址，营建大都。从1264年至1271年，忽必烈曾三次扩建琼华岛，并重建了广寒殿。

重建之后的广寒殿东西宽40米，深20多米，高16米，殿宽七间，是帝王朝会的场所。殿中放置"渎山大玉海"，并建"玉殿"放"五山珍玉榻"。

渎山大玉海是元代的一种玉器，又名玉瓮和玉钵。器体呈椭圆形，高0.7米，口径在1.3米和1.8米之间，约重3500千克。渎山大玉海的玉料为青灰夹生黑斑色，产自南阳。玉海外壁雕饰着隐起的汹涌波涛和游弋沉浮的龙、马、猿、鹿、犀、螺等不同动物和海兽，1265年完工之后，奉元世祖忽必烈之命安置在元大都琼华岛的广寒殿中。

后来，渎山大玉海一度被移置在紫禁城西华门外的真武庙内。到了1745年，乾隆帝命人将渎山大玉海迁于后来建造的承光殿前，下配石座，并建亭保护。

同时，忽必烈还建造了一座玉制的假山，殿顶悬挂着玉制的响铁，殿内另有两个小石笋各有龙头，喷吐着从山后用水车提上来的湖水。由此可见，元朝时期的广寒殿宏伟浩大，构思巧妙，奢华无比。

1271年，琼华岛改称"万寿山"，瑶屿改称"北海"。后来，又以万寿山为中心，在湖的东西两岸营建宫殿，将北海建成一个颇有气派的皇家御园。

阅读链接

相传徐福曾上书说海中有蓬莱、方丈和瀛洲三座仙山，有神仙居住。于是秦始皇就派他率领童男童女数千人以及已经预备的三年粮食、衣履、药品和耕具入海求仙，耗资巨大。

但徐福率众出海数年，并未找到神山，徐福还在当地的"崂山"留下后代，后代改姓崂或劳。

公元前210年，秦始皇东巡至琅琊，徐福推托说出海后碰到巨大的鲛鱼阻碍，无法远航，要求增派射手对付鲛鱼。

秦始皇应允，派遣射手射杀了一头大鱼。后徐福再度率众出海，来到"平原广泽"，他感到当地气候温暖、风光明媚、人们友善，便停下来自立为王，教当地人农耕、捕鱼、捕鲸和沥纸的方法，此后再也没有返回秦国。

团城的建造和铁影壁传说

皇家御园建成后，忽必烈又选定了团城为大内东西两宫的中间地带，团城以东为大内，以西为皇太后的兴圣宫和皇太子的隆福宫。团城成了东、西两宫的联系中心。

相传在选择大内地址的时候，忽必烈先来到团城上环视周围的景

■北海公园团城

■北海公园团城一角

色，然后捻弓向东射了一箭，箭落之地就成了建造大内宫殿的地址。

忽必烈为了使团城小岛更加有气派，在旧殿的基础上又兴建了一座重檐圆顶、11楹、高11.7米、围27米的仪天殿，岛的四周也围起了石墙，并将圆坻改名为"圆城"。

仪天殿的大殿呈方形，为重檐歇山顶。四面各推出单檐卷棚式屋顶抱厦一间，建筑结构别致精巧，是宫殿中少见的形式。

白玉佛供奉在仪天殿后厦的佛龛内，用整块白玉雕琢而成，高1.5米，顶冠和袈裟饰金箔，并嵌有红绿晶石。佛像肌肤洁白，色泽清润，神态颐静慈祥。

影壁是我国古代建筑中重要的单元，它与房屋、院落建筑相辅相成，组合成一个不可分割的整体。雕刻精美的影壁具有建筑学和人文学的重要意义，有很高的建筑与审美价值。

歇山顶 是我国古代建筑屋顶式样之一。是将悬山顶与庑殿顶相互融合而成的屋顶建筑，屋顶的上面三分之一是悬山顶，下面三分之一是庑殿顶，因此而形成了四坡九脊的造型，这九条脊分别为一条正脊，四条垂脊，四条角与垂脊之间的戗脊。所以也叫作九脊顶。

无论在皇宫、王府，还是官绅宅邸，影壁多以简约质朴为主调。相传铁影壁的建立是为了震慑风沙，从而被赋予了镇城之宝的美誉，建于元代，由一块中性火山岩雕成，呈深赭色，高1.89米、宽3.5米，因其色泽如铁而得名。

铁影壁雕刻十分精美，一面是麒麟栖居在山林中的图案；一面是狮子滚绣球的图案。在壁座的四周还刻有奔马图案和花边，雕刻粗犷、古朴、雄健。

铁影壁最初立于元代建德门前的一座古庙前面，明朝初年，才被移到德胜门内护国德胜庵的门前。当从铁影壁胡同德胜庵被迁至北海时，由于行事匆忙，铁影壁的底座并没有一起跟随搬迁。事隔39年后，人们才又重新找回铁影壁原来的底座，使它与铁影壁合为一处。

但就是这么一挪一放，就有了一段民间传说。

相传在很早以前，北京有两条龙，是夫妻两个，在北京建城以后，就变作了一个老头儿，一个老婆

皇家御苑

非凡胜景的皇家园林

■北海公园的铜龟

儿，过起安闲的日子来了。

北京建了城墙后，总是会无故刮起西北风，而且刮一回风，就给北京城添上几寸黄土，两个人琢磨着要这样刮下去，北京城还不叫土给埋了？

可这风并没有因为两人的发愁而停止，而且越刮越厉害，还经常有人和动物被刮上天。那龙变的老头儿、老婆儿再也坐不住了，就顺着风来的方向走下去一寻究竟，走了一处又一处，瞧见的都是平平常常的人，穿的平常衣裳，说的平常话，做的也是平常事，没有什么奇怪的人和奇怪的事。

于是夫妻俩继续向西北走，不知不觉，走到了西北城角，夫妻俩顺着城角往东一拐，就瞧见了一宗怪事。他们瞧见城墙根底下，坐着两个人，一个是50多岁的老婆婆，一个是16岁的小娃子，两个人都穿着土黄色衣裳，头上、脸上和衣裳上，都挂了一层尘土。

麒麟 是我国古籍中记载的一种动物，与凤、龟、龙共称为"四灵"，据说是神的坐骑。我国古人把麒麟当作仁兽和瑞兽。雄性称麒，雌性称麟，是一种吉祥的神兽，主宰太平和长寿。因为深厚的文化内涵，我国传统民俗礼仪中，麒麟被制成各种饰物和摆件用于佩戴和安置家中，有祈福和安佑的用意。

再瞧他们手里，每人手里都拿着一条土黄色口袋，老婆婆正往口袋装沙土，小娃娃正往口袋里装棉花，嘴里还说着话。离着远，听不清，只听见这么一句：埋不了他这个北京城才怪呢！

龙变的老头儿瞧了老婆儿一眼，老婆儿点了点头，夫妻俩知道是怎么回事了。原来那老婆婆是刮风的风婆，那小娃娃是布云的云童，他们就是刮风的罪魁祸首！

风婆和云童抬眼一瞧，看到龙变的老头儿和老婆儿慌了神，立刻站起来想逃走，龙变的老头儿赶紧一个箭步，挡在风婆前面，龙变的老婆儿也跟上来拦住了云童。

老头儿用手一指风婆，呵斥道："你们要干什么？北京城里住着这么多人，你们为什么要土埋北京城？"

风婆嘿嘿冷笑了一声，说："你不要多管闲事，许他们建筑北京城，挡住我们的风路，就许我们埋他的北京城！"

两言不合，四个神仙就互相斗起法来，那风婆和云童哪里是龙的对手，几个回合就被打败了，只得落荒而逃。

■北海琼华岛美景

有人就说，风婆和云童怕龙公和龙婆，咱们铸一个铁影壁，两面都各自铸一条龙，风婆和云童就不敢来了，于是就有了铁影壁。

■北海公园的夏天

不知道过了多少年，北面城墙拆了往南挪，铁影壁就丢在了城外，恰巧北京城里又多了风、多了沙土，就有人说这准是铁影壁离城远了，龙公和龙婆管不了风婆和云童了，得把铁影壁搬到城里来。

大伙儿一听真是个好主意，就把铁影壁搬到德胜门里果子市，影壁是挪了，可风沙还是不见少。毕竟是个传说。那时的北京有两句话可以形容，那就是无风三尺土、晴天是香炉子，您说那土能少得了？

阅读链接

团城是镶嵌在古典皇家园林北海和中南海之间的一颗绿色明珠，因它上面种满了郁郁葱葱的古松古柏，可谓是一座"空中花园"。

而且团城还是在北京地区古树被封官最多的地方，其古树的官名都是清乾隆皇帝所封。乾隆皇帝十分喜欢北京的古树，他曾给很多古树封官、起名，赋诗、作词。像潭柘寺的古银杏"帝王树"、"配王树"，戒台寺的"活动松"，香山的两棵"听法松"，大觉寺的"银杏王"等，其例举不胜举。

依蓬莱仙境规划的蓝图

　　1368年，明太祖朱元璋定都南京。就在这一年，大将徐达进占大都，大都改称"北平"。朱元璋死后，燕王朱棣取得帝位，将都城从南京迁到北平，改名为"北京"。

■雪后北海公园

■ 北海公园承光殿

明朝在元朝的基础上，对北海又加以扩充和修葺，但都基本上保持了元代北海的格局。

1417年，明成祖朱棣重修仪天殿，先后更名为承光殿、乾光殿，以供帝后大臣观灯火之用。东部被填为陆地，西侧建起了金鳌玉蝀大石桥，环岛也砌起了城墙。在古汉语中，园属虚心，团为实心，"圆城"便改称为团城。

到了明代宣德年间，明宣宗朱瞻基对"万岁山"进行了大规模的扩建和修缮，在团城修复了仪天殿，在团城南面的小岛上建起了犀山抬圆殿，并在团城的东部拆桥填土，将其与陆地相连。

历代皇帝都喜欢把自己居住的地方建成蓬莱仙境的玉宇琼楼，"一池三山"的格局便成了构筑北海的蓝图：北海便是"太液池"，琼岛是"蓬莱"，团城就是"瀛洲"，所以仪天殿也叫"瀛洲圆殿"。

蓬莱　又称之为蓬莱山、蓬山、蓬丘、蓬壶、蓬莱仙岛等。实际上，早在秦始皇之前，"蓬莱"作为海上神山的名字就已经传开了。当"蓬莱"作为地名，而不是神山名，最早有文字可考的见于唐代杜佑的《通典》："汉武帝于此望海中蓬莱山，因筑城以为名。"

明英宗（1427年—1464），朱祁镇，明朝第六位皇帝。明宣宗长子。9岁即位，年号正统。即位初大事权归太皇太后张氏，以三杨主持政务，继续推行仁宣朝各项政策，社会经济有所发展。八年后，石亨等发动夺门之变，英宗复位，改元天顺。庙号英宗，谥号法天立道仁明诚敬昭文宪武至德广孝睿皇帝。死后葬于十三陵之裕陵。

当时团城四面环水，东、西、北三面各有桥，东为木桥，西为木吊桥，桥中间有两只大船，每当皇帝过桥上了团城，留守官便移舟断桥，以禁来往。

1458年，明英宗朱祁镇命人在北海北岸，也就是后来的五龙亭处建"太素殿"，由于太素殿用锡作材料，所以又称为"锡殿"，也叫"避暑凉殿"。

据统计，修建此殿共役使工匠3000余人，用白银20万两。在东岸建"凝和殿"，在西岸建"迎翠殿"。把团城西面的八孔中断的石桥改为九孔石桥，称为"金鳌玉虫东桥"，并在新开挖的南海瀛台上建了"昭和殿"等建筑。

1579年，万寿山上历经了四朝共计600余年风雨战乱的广寒殿忽然坍毁，人间天宫主景建筑从此化为乌有，成为千古遗憾。

"遮荫侯"为二针一束的油松，传为金代所植，

■ 北海公园内的"遮阴侯"

树高20余米，枝叶苍翠繁茂，苍劲挺拔，顶圆如盖。

■北海公园拱桥

相传，有一年盛夏，后世的清乾隆皇帝来游团城，宫人摆案于树下，清风徐来，顿觉暑汗全消，乾隆皇帝十分高兴，当即封此树为"遮阴侯"。

在团城承光殿东侧的前后，南北各矗立一棵高大的白皮松，相传也是金代所植，尤其是殿前的一棵，它的绿冠高达30多米，白干周长达5.1米。

在北海前门的大街上，远远就可以看到它银白色的雄姿。这两棵白皮松就像两位威武的将军守卫在承光殿前后，所以乾隆御封它们为"白袍将军"。并写有《古栝行》，诗云：

　　五针为松三为栝，名虽稍异皆其齐。
　　牙嵯数株依晬睨，树古不识何人栽。

1602年，在北海北岸西部的明代泰素殿的旧址建

将军　春秋时代以卿统军，故称卿为将军，一军之帅也称将军。宋、元、明三朝，多以将军为武散官，殿廷武士也称将军。明清两代，有战事出征，置大将军和将军，战争结束则免。清朝，将军为宗室爵号之一，驻防各地的军事长官也称将军。

藻井 我国传统建筑中室内顶棚的独特装饰部分。一般做成向上隆起的井状，有方形、多边形或圆形凹面，周围饰以各种花藻井纹、雕刻和彩绘。多用在宫殿、寺庙中的宝座、佛坛上方最重要的部位。

造了五龙亭，后代曾多次进行修葺。

五龙亭伸入水中，由五间亭子组成，五亭都是方形，前后错落排开。玉亭之间由桥与白玉石栏杆相连呈S形，如同巨龙，故称其为"龙亭"。

据介绍，五龙亭中最大的龙泽亭位于五亭中央，双檐攒尖顶，上圆下方，高大的双檐攒尖形成巨大的空间，安放皇权特征的藻井，顶端一条巨龙盘卧，俯首下视，别有威严之感。

圆形藻井四周八条飞龙组成龙环，群龙全身为金色，在外围是由两圈蓝绿色彩绘团龙图案的数十个小藻井，与中间黄龙形成强烈对比，突出了金碧辉煌的气派。

再外是数块垂直栏板，由金色的奔龙缭绕，组成

■ 北海公园五龙亭

适合纹样。又和中间的黄龙产生色彩的响应，体现了此藻井极高的建筑级别。

五亭皆为绿琉璃瓦顶，黄瓦剪边，檐下梁枋施小点金旋子彩画，绚丽多彩，金碧辉煌。龙泽、滋香、浮翠三亭石岸下有单孔石桥一座，通向北岸，每座亭正面檐下各悬一方华带匾。

在亭子垂脊上装饰吻兽和瑞兽，不但构成建筑各部分美的装饰，而且也是权贵的象征。特别是用黄琉璃的瑞兽更增强了皇权的神秘感。

明清时规定，在垂脊上瑞兽排在骑风仙人之后，其顺序为龙、凤、狮子、海马、天马、押鱼、狻猊、獬豸、斗牛等，级别最高的建筑也不超过这九种。

当年，龙泽亭是专供封建帝后们钓鱼、赏月、观

獬豸 也称解廌或解豸，是我国古代传说中的上古神兽，体形大者如牛，小者如羊，类似麒麟，全身长着浓密劲黑的毛，双目明亮有神，额上通常长一角，俗称独角兽。它拥有很高的智慧，懂人言知人性。它怒目圆睁时，能辨是非曲直，能识善恶忠奸。是勇猛、公正的象征，是"正大光明"和"清平公正"的象征。

■ 北海五龙亭天花板

皇家御苑

非凡胜景的皇家园林

紫禁城 现称为故宫，意为过去的皇宫。是我国明、清两代24个皇帝的皇宫。明朝第三位皇帝朱棣登上帝位后迁都北京，开始营造紫禁城宫殿，依照我国古代星象学说，紫微垣位于中天，乃天帝所居，天人对应，所以皇帝的居所又称为紫禁城。紫禁城文化，是以皇帝、皇宫、皇权为核心的帝王文化、皇家文化，或者说是宫廷文化。

焰火的地方，其余四亭是文武官员陪钓的地方。清人诗曰："液池西北五龙亭，小艇穿花月满汀，酒渴正思吞碧海，闲寻陆羽话茶经。"

1651年，为了民族和睦，清世祖福临根据西藏高僧恼木汗的请求，在广寒殿的废址上建造了一所藏式的白塔，并在塔前建"白塔寺"。因为岛上建起了藏式佛塔，山名也就改称为"白塔山"了。

白塔矗立在琼岛顶峰，殿阁耸拥，绿荫环簇，巍峨壮美，成为后来人们心目中整个北海的象征。北海白塔，不仅庄严肃穆，而且北海白塔还代表天人合一的强大亲和力。

从山脚仰望白塔，怀着一种朝觐礼佛的虔诚，拽拉着层层殿宇直至山顶，白塔就在这层层叠叠、逐级上攀的建筑群的不断升华中成为辉煌壮丽的顶点。

而这顶点正处于南北、东西两条轴线的正交点，成为琼华岛的中心，同时也成为围绕琼华岛四面展开的北海的中心，那种君临天下、主宰全园的霸气尽在悄无声息的高屋建瓴中，"君权神授"和至高无上的震慑力自然也就威仪而生了。

站在塔下仰望白塔，白塔塔尖直指蓝天，白云缭绕，长天似洗，那种庄严肃穆，让人仿佛置身于佛门的安宁极乐的净土世界。

环顾四下，南向是楼阁峥嵘的紫禁城，花团锦簇的中南海，北面则是一湖天光水影，接天莲叶，映日荷花，掩映无限生机；游船歌声，随水漂来，欢声笑语，不绝入耳。放眼纵驰西山黛色，隐约可见，十里京城的繁华，尽收眼底。

登临白塔使人胸襟开阔，而抚今思古，更能感受到一种发自心底的震撼。塔身正面有一盾形小龛，内塑红底黄字的藏文图案，含"吉祥如意"之意。此龛俗称"眼光门"，又叫时轮金刚门。

后来，白塔被地震所毁，次年修复重建，在修复时，人们发现塔内主心木中藏有一个两寸见方的金漆盒子，盒盖绘有太极图，盒内藏有两枚"舍利"，证明此塔是一座舍利塔。该塔矗立于琼岛顶峰，绿

■北海公园白塔

须弥座 又名
"金刚座"、"须
弥坛",源自印
度,是安置佛和
菩萨像的台座。
须弥即指须弥
山,在印度古代
传说中,须弥山
是世界的中心。
用须弥山作底,
以显示佛的神圣
伟大。我国最早
的须弥座见于云
冈北魏石窟,是
一种上下出涩、中
为束腰的形式。

荫拥簇,巍峨壮美,引人瞩目。

北海白塔全部为砖木石混合结构,由塔基、塔身、相轮、华盖、塔刹五部分组成。

白塔是一座覆钵式塔,外形与北京西城区的妙应寺白塔颇为相似,但北海的白塔在外形上看起来更为秀丽。

北海白塔的基座是十字折角形的高大石砌须弥座,座上置覆钵式塔身。覆钵的正面有壶门式眼光门,内刻"十相自在"图案。塔座边长17米,基座部分安有角柱石、压面石和挑檐石。

座上为三层圆台,中部塔肚为圆形,最大直径长14米。塔身上有高大挺拔的塔刹。从塔的表面只能看到砖和石料而见不到木构架,但可见到塔的通身有306个方形青砖透雕通风孔,这是为塔木构架通风之用,以防塔内木料潮湿腐朽。

通风孔的纹饰雕刻比较讲究,图案形式多种多样,有蝴蝶、芭蕉扇叶、喇叭花、荷花、宝相花、西番莲花等画像,这些图案都各自有其美好的寓意。

白塔内部有根立木,为白塔主心木,为柏木制,高约30米,从塔基处直通刹顶。塔身正面的眼光门,周围用钳子土烧制的西

■北海铜鹤

番莲花饰，中间为木质红底金字的"时轮咒"，即所谓"十相自在图"，为七个字组成，译音是"杭、恰、嘛、拉、哇、日、呀"，有"吉祥如意"的意思。

■北海牌坊

这组字图是清代藏传佛教的著名领袖章嘉国师亲手写成的，据说这种文字图案从明代开始由西藏传入内地，是藏传佛教的瑰宝。

刹座是一个小型须弥座，其上置由13重相轮组成的细长"十三天"刹身。十三天之上覆以两层铜制华盖，下层周边悬14个铜铃。塔的顶端是仰月和鎏金火焰宝珠组成的刹顶。

这种象征神权的建筑物的白塔，设置于琼岛的重要位置上，具有主宰全园的气势，以体现"君权神授"的封建思想，这是帝王宫苑的又一大特色。

紧接着，又依山就势地建造了白塔寺，白塔寺共

藏传佛教 或称藏语系佛教，是指传入西藏的佛教分支。藏传佛教，与汉传佛教、南传佛教并称佛教三大体系。藏传佛教是以大乘佛教为主，其下又可分成密教与显教传承。虽然藏传佛教中并没有小乘佛教传承，但是说一切有部及经量部对藏传佛教的形成，仍有很深远的影响。

皇家御苑

非凡胜景的皇家园林

■ 北海公园内乾隆皇帝的御笔题字"昆仑"

庑殿顶 即庑殿式屋顶，由于屋顶有四面斜坡，又略微向内凹陷形成弧度，故又称为"四阿顶"，宋朝称"庑殿"，清朝称"庑殿"或"五脊殿"，是我国各屋顶样式中等级最高的，高于歇山式。明清时只有皇家和孔子殿堂才可以使用，之后常用于各类别建筑。

分三进三上殿宇，前殿名为"法轮殿"，为寺内的第一座殿堂，"法轮"意为佛法辗转流传不息，犹如车轮滚滚。

法轮殿有五间房子那么宽，单檐庑殿顶，殿脊正中置琉璃宝塔，塔两边殿脊上嵌有琉璃彩龙戏珠浮屠，造型独特，为一般寺庙所罕见。殿前左右设有钟、鼓亭，殿内供释迦牟尼佛像。

法轮殿的北侧，有两块奇特石头，上面刻有乾隆皇帝御笔题字"昆仑"及三首诗。昆仑石后面的众多岩洞据说就是神仙居住的"洞天福地"。

太湖石"昆仑"，正面"昆仑"两字为乾隆手书，背面还刻有他写的一首诗文。此石为象征传说中神仙居住的昆仑山而设。昆仑石后面的众多岩洞，为叠筑假山时所砌，以象征神仙们居住的福地洞天。

两石的北面均有三个砖券门，券门以艮岳石镶嵌，山洞成窟状，名"楞伽窟"，石洞玲剔透，堪为叠石之中的完美上品。

中殿"正觉殿"为白塔寺的第二重大殿，殿内供弥勒佛，此佛雍容丰腴，笑容可掬。相传他是10世纪初的一名游方僧，名契此，号长汀子，在世时常背袋行乞，所得钱物悉数捐赠寺院，所以人们又称其为"布袋僧"。

上殿"普安殿"，是白塔寺的第三重殿，殿名有普度众生之意，大殿为五楹单檐庑殿顶，内供藏传佛教格鲁派创始人宗喀巴像，像两侧为其得意弟子班禅，达赖坐像。原为僧人诵经之所，帝后在园内游乐时常来此烧香拜佛。

后来，白塔寺在1743年被改为永安寺。

在北海白塔山西坡上有悦心殿，悦心殿坐北朝南，面阔五间房，前后出廊。殿前有宽敞的月台，与庆霄楼相连。原为皇帝临时办理政务和召见大臣之处。两侧门柱上有清乾隆皇帝的题联：

> 是处畅观颇悦目；
> 此间阒景足澄心。

赞美之情溢于言表，可见乾隆皇对这里的喜爱。

在悦心殿前用汉白玉围绕的月台中，两旁的石雕

石雕 造型艺术的一种。又称雕刻，是雕、刻、塑三种创制方法的总称。指用各种可塑材料或可雕、可刻的硬质材料，创造出具有一定空间的可视、可触的艺术形象，借以反映社会生活、表达艺术家的审美感受、审美情感、审美理想的艺术。石雕的历史可以追溯到距今一二十万年前的旧石器时代中期。从那时候起，沿传至今。

■北海公园永安寺

皇家御苑

非凡胜景的皇家园林

■ 北海公园静心斋

蚕神 在古代有蚕女、马头娘、马明王、马明菩萨、蚕花娘娘、蚕丝仙姑、蚕皇老太等多种称呼，是我国古代传说中的司蚕桑之神，我国是最早发明种桑饲蚕的国家。在古代男耕女织的农业社会经济结构中，蚕桑占有重要地位。所以无论是古代统治阶级还是普通人都对蚕神有着很高的敬意。

须弥座上，安置着两块奇石。

月台东边的奇石高约110厘米，石体已残破，下部明显用新石修补过，且修缮手法比较粗糙。从其上部残存的原石看，该石体态多变，婉转玲珑，石头表面润泽，应该是灵璧石中的佳作。

西边的奇石高约120厘米，石体完整，飘逸温婉，其势如云飞云涌，奔放舒畅，石上皱褶遍布，石体白中透灰，以木槌击其不同的部位能发出悦耳的声音，据说这就是传说中的"七音石"。

1741年，清高宗下令对北海进行了大规模的修葺和增建，前后连续施工长达30年之久。

此次维修扩建，建起了许多亭、台、殿、阁。乾隆皇帝自谓"园林之乐，不能忘怀"，于是把江南园林的精华、文人写意和山水园林等引进了这座皇家宫苑，先后建成了北海的静心斋、画舫斋、濠濮间等

"园中之园"。

1742年，在明代"雷霆洪应殿"的旧址上建造了"先蚕坛"，成为后妃们祭祀"蚕神"的地方，总占地面积为17000平方米。

院内的建筑有"观桑台"、"亲蚕殿"、"后殿"、"先蚕神殿"、"神橱"、"蚕署"、"井亭"、"牲亭"、"蚕所"、"游廊"、"桑园"和"浴蚕池"等。

东面有一条贯通南北的小河叫"浴蚕河"，是元代由金水河引入北海东边的一支水系。

先蚕坛的整体建筑宏伟，构造精美，翠瓦红墙，色彩极其艳丽，是比较完整的一处皇家祭祀专用场所。

先蚕坛为方形，南向，一层。东、西、北面均植护坛桑林，南面偏西处有正门三间。先蚕坛的东南为观桑台，观桑台北为亲蚕门一间，绿琉璃瓦歇山顶，门左右连接朱红围墙，围墙北折构成一院落。

院内前殿为茧馆，为五开间，绿琉璃瓦歇山顶，前后出廊，三出阶，各五级。东西配殿各三间，绿琉璃瓦硬山顶。后殿为织室，五开间，绿琉璃瓦悬山顶，五花山墙，前后出廊，明间出阶。有东西配殿各三间，前后殿间有回廊相连。

北海公园濠濮间

■北海公园先蚕坛

观桑台东南有先蚕神殿三间，坐东朝西，硬山顶，前出廊，三出阶。殿南北分别为井亭、宰牲亭各一座，方形绿琉璃瓦攒尖顶。

殿西北有神库三间，南有神厨三间，均为绿琉璃瓦硬山顶。神殿以北有蚕署三间，蚕署以北有蚕室27间。

先蚕坛坛门外东南有一独立院落，其中有陪祀公主福晋室及命妇室各五间，均西向，灰瓦硬山顶。

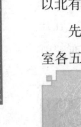

阅读链接

七音石又叫"响石"，产于浙江湖州黄龙山，因此又有"黄龙宫响石"之称。

太湖南岸的黄龙山南麓，是一个大型天然溶洞。洞中以全国罕见的"洞中音乐厅"，蜚声全国。若用木槌轻击这些响石，便会发出各种美妙悦耳的声音。有的象洪亮的钟声，余音在洞中回响八九秒之久，还有类似琴声、锣鼓声、木鱼声等，仔细品味，竟有"哆、来、咪、伐、索、啦"等音调。

响石之所以发出"七音"，其原因如同用大小不同的碗能演奏出音乐一样，由于其形状和大小不同，击之振动的频率也就不同，因此能发出悦耳的声音。

进一步扩建的乾隆时期

在北海静心斋的东侧有一组庙宇，原是大西天经厂，在清代称为
"西天梵境"，又称为"大西天"。西天梵境原为明代西天禅林藏式
寺庙，清代乾隆于1759年下令重修，并向西扩展。

"西天梵境"的围墙是朱墙碧瓦，三座独立汉白玉券门，都是黄

浮雕 是雕塑与绘画相互结合的产物，采用压缩的方法来对对象进行处理，展现三维空间，并且可以一面或者是两面进行观看。浮雕一般是附着在另一个平面上，所占空间小，所以经常用来装饰环境。浮雕的主要材料有石头、木头、象牙和金属等。

琉璃筒瓦歇山顶大脊门楼。门楼的下面是红墙，以汉白玉须弥座为依托。门楼左右以宇墙相连，中间门楼外台明上，装有汉白玉围栏。

台阶正中丹陛是二龙戏珠浮雕，这块汉白玉丹陛，石质细腻，雕刻精美绝伦，是难得的古代石雕艺术的精品代表作之一。

进入"西天梵境"山门，前院正殿是高大的天王殿，这是第一个院落，这里种有松树和槐树。苍松翠槐的映衬之下，天王殿显得格外醒目。

天王殿里面供奉着弥勒佛及四大天王。东方天王名叫"提多罗咤"意为持国，就是能护持国土的意思，是帝释天的主乐神。东方天王手持琵琶，守护东方人民。

西方天王名"毗留博"，意思为广目，能以净眼

■北海内天王殿

观察护持人民，他手中缠绕一龙及多宝，可保卫西方人民。

南方天王名叫"毗琉璃"，意为增长，传说他能使人善根增长，可保护南方居民，手持宝剑。

北方天王名"毗沙门"意是多闻，有大福德，他护持人民财富，双手各持银鼠及雨伞。

在天王殿两侧，还有两座建筑，东边的是钟楼，西边的是鼓楼。俗话说，晨钟暮鼓。楼的南侧各竖一根旗杆，楼北各有一座八角石幢耸立于石台之上，东幢刻《佛法药师如来本愿经》，西幢刻《金刚般若波罗密经》，其书法及刻法皆为艺术精品。

大慈如意宝殿是大西天的中院正殿，内供三尊铜佛，为重檐庑殿顶，并且不施彩绘加以修饰，完全以木材本色示人，给人返璞归真之感。

气势雄伟的大慈真如宝殿，大殿为棕褐色，整体建筑的木结构全部采用贵重的金丝楠木所建，黑琉璃

书法 文中特指中国书法。中国书法是一门古老的汉字的书写艺术，是一种很独特的视觉艺术。书法是我国特有的艺术，从甲骨文开始，便形成有书法艺术，所以书法也代表了我国文化博大精深和民族文化的永恒魅力。

唐玄奘（602年—664年），他是汉传佛教史上最伟大的译经师之一，我国佛教法相唯识宗创始人。俗姓陈，名祎，出家后遍访佛教名师。629年，玄奘历经艰难万险抵达天竺。游学于天竺各地，645年回到长安，在大慈恩寺等寺院进行研究和翻译佛经直到圆寂。

筒瓦黄剪边重檐四坡顶，面宽五间房左右，是我国现存明代建筑中的上乘精品。

走进大殿，会有一丝的凉意，是因为大殿的地面由花岗岩铺成的。大慈真如宝殿内供奉三世佛以及十八罗汉像，中间的是释迦牟尼佛。

东边的是药师佛，他掌管东方静琉璃世界，他能保佑人们一生健康。西边的是弥勒佛，是未来世界的接引佛，他掌管西方极乐净土。

在大殿两边的是十八罗汉，他们是佛祖的学生。其中有一位我国古代的高僧，就是唐玄奘法师，大约在1000多年前他只身从印度取回了真经。

整座大殿由20余根高10米、直径半米的楠木巨柱支撑。大殿的梁、枋、檩、椽、斗拱、望板、门窗、天花板等主要构件也全部采用体量硕大的金丝楠木。用如此珍希的木材修饰此殿，足见此殿的地位之高。

■北海公园大慈如意宝殿

其中的门窗做工尤为华丽，楠木门窗装饰有繁复考究的菱形窗格，均采用短小棂条与微型榫卯的拼接工艺，接榫处设有镌刻着精巧花纹的鎏金铜叶，门窗的裙板上雕有浮云图案。其他构件采用素面，不施雕琢，体现了简约自然的明代造型风格。

■北海大慈如意宝殿内释迦牟尼佛像

大慈真如宝殿不仅涵盖了我国传统楠木制作、琉璃烧造、砖石雕刻和青铜铸造等工艺精华，体现了中华物质文化遗产的无尽魅力，而且蕴涵着博大精深、高贵典雅和成熟自信的独特韵味，诠释了中华文明的精神价值，是我国古典建筑中的不朽杰作。

濠濮间也是北海公园的一处园中之园。"濠"与"濮"均为我国的古水名。

据《庄子·秋水》记载，庄子与惠施游于濠梁之上，庄子说："鱼儿出来了，鱼儿真快乐。"

惠施问："你不是鱼，怎么知鱼之乐？"

庄子（前369年—前286），姓庄，名周，先秦时期伟大的思想家、哲学家和文学家，道家学说的主要创始人之一，老子思想的继承和发展者，后世将他与老子并称为"老庄"。他们的哲学思想体系，被思想学术界尊为"老庄哲学"。代表作品为《庄子》，名篇有《逍遥游》、《齐物论》等。

道教 是我国土生土长的宗教，道教起源于上古鬼神崇拜，发端于黄帝和老子，创教于张道陵，以"道"为最高信仰，以神仙信仰为核心内容，以丹道法术为修炼途径，以得道成仙为终极目标，追求自然和谐、国家太平、社会安定、家庭和睦，充分反映了我国人民的宗教意识、性格心理和精神生活。

庄子反驳说："你不是我，怎知我不知鱼之乐？"

1534年，在这里初建。1757年，乾隆在明代凝和殿遗址上增建濠濮间，成为北海的一处园中之园。

濠濮间四面古松葱郁、遮天蔽日，来自北面先蚕坛的浴蚕河水经画舫斋缓缓流入，曲桥、水池、山石、回廊，回旋于咫尺之间，景色清幽深邃，是帝后观鱼、垂钓之地，也是乾隆皇帝宴请文武大臣之地。

罨画轩建于1757年，"罨画"原指建筑或衣料上绚丽的彩画。罨画轩为静心斋园中最佳观景处。乾隆皇帝御制罨画轩诗中有"来凭罨画窗，读画隔岸对"句，意思是从这里可观赏到周围如画的美景。

半壁廊是连接静心斋主要建筑物的纽带，廊随山势起伏迂回，给人一种曲径通幽，山外有山，楼外有楼的无穷无尽之感。

在园林布局上，凡是重要的庭院和建筑物之间，

■北海公园内罨画轩

壶中云石

都要在正房、两厢或门的两侧设置廊，诸如"抄手游廊"、"爬山廊"和"观景廊"等，半壁廊则是诸多廊建筑形式中的一种。

■ 北海公园濠濮间

抱素书房为静心斋内一座相对独立的小院，建于1758年，乾隆皇帝借道教"抱素守一"和"见素抱朴、少私寡欲"的思想为书房取名为抱素。

抱素书房主要有抱素书屋和韵琴斋两座建筑组成。从北海东北方向引来流水，形成泉水瀑布，水声如抚琴低吟，有似碧玉落盘，故有韵琴斋之名。

此处景物清素、环境幽静，是当年乾隆皇帝及皇太子读书的地方。

小西天始建于1768年，建成于1770年，是清乾隆皇帝为母亲孝圣宪皇后祝寿祈福而建的。主体建筑为极乐世界，总面积达1200平方米，其横梁跨度13.5米，是我国最大的方亭式宫殿建筑。

孝圣宪皇后

（1693年—1777年），钮祜禄氏，13岁时入侍雍和宫邸，为雍王胤禛藩邸格格。康熙五十年生弘历，即乾隆帝。雍正元年封为熹妃，雍正八年封为熹贵妃，雍正九年孝敬宪皇后死后摄六宫事。乾隆皇帝即位后尊为圣母皇太后，上徽号曰崇庆皇太后。葬泰东陵，谥孝圣慈宣康惠敦和诚徽仁穆敬天光圣宪皇后。

殿四面的窗扉和楠扇有细镂花纹，殿内高处悬挂有金匾，上书"极乐世界"，为乾隆御笔。上方为金光灿灿的八角穹窿团龙藻井，十分庄严，雄伟壮观。

殿四面环水，有桥可通，东西南北各有琉璃牌坊一座，四角各有一座小方亭，正南面有一道月牙河，上架一座雕栏石桥，整体建筑气势磅礴。

殿内原有南海普陀泥塑一座，山上布有226尊罗汉佛像，山下绘满海水，以象征佛界普陀胜境，故有"罗汉山"和"海岛"之称。

1775年，乾隆皇帝命工匠用金丝楠木建快雪堂一座，两边各接游廊十间，廊内墙上嵌快雪堂墨刻48方，院内添堆宋代艮岳御园的名石，形成一个环境优雅的景区。

院内还有澄观堂和浴兰轩两座大殿。快雪堂东西两侧的游廊内嵌有晋代至元代20位书法家共80篇墨迹石刻48方，其中王羲之的《快雪时晴帖》与乾隆皇帝所作的《快雪堂记》最为著名。

除了快雪堂主殿和镶有石刻的东西回廊，最显眼的要算迎面矗

■北海公园内小西天

立着的两块高大而奇特的太湖石，小的一块高约4米，大的一块高约5米，一块玲珑，一块剔透，充分具备了太湖石的"瘦、漏、透、皱"的特点，不愧为太湖石的石中之宝。

乾隆见此石后，非常惊喜，亲笔题写了"云起"两字镌刻在石的南面中部，并特作了一首《云起风歌》，在歌中他将此石比作翻腾涌起的浮云，后人称之为云起之石，是北京的十大奇石之一。

阅读链接

关于快雪堂太湖石的来历，有两个版本的传说。

《水浒传》里曾描写宋徽宗耗费大量人力财力从太湖中捞取太湖石，运到汴梁建"艮岳园"，后来一部分成了北海的假山石。金攻打宋时，"艮岳园"被毁，但金世宗却非常喜欢园中太湖石，便从汴梁运到北京，让工匠按照原样进行叠放。

据说，当时为了加快运送太湖石，金世宗让人把太湖石折成钱粮让沿途各州府县用等量粮食支付其价款，所以这些山石也称"折粮石"。

另一说法，则是艮岳园运来的太湖石安放在北海琼岛之上，修建快雪堂第三进院落时，从琼岛移到了快雪堂院子里。

北海内各时的应季活动

　　每当春回大地，万物复苏，皇家御苑北海公园内的琼岛春阴也开始"旧时王谢堂前燕，飞入寻常百姓家"了。

　　"琼岛春阴"是一年中最早呈现的胜景，而春天正是欣赏"琼岛春阴"的最佳时机。

■北海公园琼岛远景

琼华岛东的建筑并不多，但林木成荫，环境幽静。据史料记载"琼岛春阴"早在金代金章宗完颜璟在明昌年间就曾命名，宋元以来，蜚声海内，最为当时文人雅客所爱，留下了许多不朽的诗篇。

早在明朝初期，"琼岛春阴"被称为"琼岛春云"。后来清朝乾隆皇帝春游琼华岛，看到岛上美丽的春景，不禁赋诗一首：

艮岳移来石发峨，千秋遗迹感怀多。
当春最是耕犁急，每较阴晴发浩歌。

后来他又把"琼岛春云"改为"琼岛春阴"。乾隆书"琼岛春阴"石碑，立于绿荫深处，为"燕京八景"之一。

金章宗（1168年—1208年），完颜璟，小字麻达葛，世宗完颜雍孙，完颜允恭子，世宗病死后继位。章宗统治前期，金朝国力强盛，后期由盛转衰。他在位19年，终年41岁，葬于道陵。

■ 北海公园临水游廊

故宫 旧称紫禁城。于1420年建成，是明、清两代的皇宫，汉族宫殿建筑之精华，无与伦比的古代建筑杰作，世界现存最大、最完整的木质结构的古建筑群。故宫全部建筑由"前朝"与"内廷"两部分组成，四周有城墙围绕。四面由筒子河环抱。城四角有角楼。四面各有一门，正南是午门，为故宫的正门。

石碑为四方形，碑身四周刻缠枝纹饰，背有乾隆皇帝的御制诗，碑座四周有雕刻精美的汉白玉护栏。

北面山麓沿岸一排双层60间的临水游廊像一条彩带将整个琼岛拦腰束起，回廊、山峰和白塔倒映水中，真景倒影连成一片，让人不知哪里是真，哪里是假。东南面有石桥和岸边相连，与秀美的景山、故宫交相辉映，黛色岚光，构成一幅壮丽的画卷。

另外，据神话传说，琼华是琼树之花，生长在蓬莱仙岛上，人吃了可长生不老，此传说表示该岛是仿瑶池仙境建筑的。

清初，曾在这里的山顶设置信炮台，由八旗军驻守，居高临下，俯瞰全城，一旦有危机出现，便可立即发出警报信号。

每到阳春三月"琼岛春阴"郁郁葱葱，白塔、叠石、景亭参差错落，遥相呼应，连翘、碧桃、丁香次第开放，五颜六色的山野花绽放欢颜，风景如画，令人陶醉。

此时的"琼岛春阴"正是春回大地，万物复苏的生动写照。春花烂漫的琼华岛春景已经成为人们非常喜爱的一道独特的季节景观。

史书记载每年天子诸侯都要亲自耕作，后妃则要植桑养蚕，是为了表达对先农、蚕神的崇敬之情。祭祀蚕神尤其成为皇后主持的国家祭祀大典。

到了湿热的夏季，北海盛开大面积的荷花，北海种植荷花历史可追溯到元代，荷花品种繁多。金风送爽的秋季在北海可以赏菊，争相竞开的菊花，让人目不暇接。

进入寒冷的冬季，就进入了冬季的祈福活动。祈福在历史上由来已久，是遍及全国的风俗活动，主要形式为在新春来临之际鸣钟以求幸福降临。在清代，皇室则将祈福盛典固定在北海阐福寺举行。

据史料记载，自1752年的清朝乾隆皇帝开始，每年的农历腊月初一至十五，清皇室都要在北海阐福寺举行盛大的祈福盛典，以求苍天赐福，国泰民安。

北海公园琼岛

■ 北海公园阐福寺

皇家御苑

非凡胜景的皇家园林

农历 是我国长时期采用的一种传统历法，以朔望的周期来为定月，用置闰的办法使年的平均长度接近太阳回归年，因这种历法安排了二十四节气以指导农业生产活动，所以称为农历，又叫中历、夏历，俗称阴历。

阐福寺位于北海公园的北岸，原是明代太素殿北面的一座行宫，是皇室成员避暑的地方。乾隆初年做过先蚕坛的蚕馆，1745年，其生母孝圣太后下令改为藏传佛教寺庙，赐名"阐福寺"。

寺内前院有天王殿，左右钟鼓楼。中院有大佛殿，殿前有两座石碑，东面碑刻高宗弘历草书颂阐福寺大佛诗，西面碑刻满汉文阐福寺碑文。

大佛殿的形制仿河北正定隆兴寺大佛殿，殿内供奉一尊用金丝楠木雕刻而成的千手千眼佛。阐福寺后院为真实般若殿。

据清皇室档案记载，每年农历腊月初一至十五，清皇室在北海御苑举行祈福盛典时，乾隆帝弘历还要御驾阐福寺主持"书福"盛典。其内容包括祈福、书福、送福和迎福四个步骤。

农历腊月初一的清晨，乾隆帝御驾至阐福寺大佛殿拈香拜佛，为孝圣皇太后祝寿祈福，这叫"祈福"。然后至后殿，用"造福苍生"的大毛笔，在二尺见方的云龙大红朱笺纸上书写一个大大的"福"字，这叫"书福"。并将这个"福"字保存在大殿内，叫作"留福"。寓意阐福寺内的大佛已经把福气降给普天下的百姓，称之为"第一大福"。

随后，乾隆帝出阐福寺至澄观堂，在室内书写第二个大"福"字，并将这个"福"字带回皇宫，镶裱在镜框内，悬挂在养心殿的墙上。

从这天起，乾隆帝每天到重华宫漱芳斋，在一张张大红朱笺纸上反复书写"福"字，一直写到腊月二十五止。乾隆帝将这些"福"字赏给王公大臣作为新年礼物，这叫"赐福"。

第二年正月初一的清晨，乾隆帝御驾至阐福寺大佛殿拈香拜佛后，到后殿取出上年腊月初一写的那个"福"字，这叫"迎福"。回到宫内，将迎来的"福"字

045

仙山琼阁

北海公园

腊月 每年的农历十二月为"腊月"，古时候也称"蜡月"。这种称谓与自然季候并没太多的关系，而主要是以岁时之祭祀有关。所谓"腊"，本为岁终的祭名。不论是打猎后以禽兽祭祖，还是因新旧之交而祀神灵，都要搞祭祀活动，所以腊月是个"祭祀之月"。

■北海公园澄观堂

■北海公园风光

皇家御苑

非凡胜景的皇家园林

悬挂于建福宫内，叫"受福"。然后再写一个"福"字悬挂于乾清宫内，至此典礼完毕。

从乾隆时期始，代代清帝都会照例举行祈福典礼，阐福寺也就成为清代皇帝祈求上天赐福的地方了。到清代末年，皇帝不再亲驾阐福寺举行祈福活动，而只派遣太监到此拈香祈福。

阅读链接

旧时传说在琼岛白塔的下面有一口海眼，用文殊菩萨的佛身才能镇住，以绝水患。

白塔后曾经立过五根号杆，俗称五虎号杆，是为防变而设。当时根据五行家的说法，按金、木、水、火、土造出蓝、黄、红、白、黑五色龙旗。

用蓝色旗代表东方，白色旗代表西方，红色旗代表南方，黑色旗代表北方。若东直门告急，东直门、朝阳门号杆升蓝色龙旗，白塔山号杆便随之挂起同色龙旗。晚上看不见旗色时，就挂蓝色灯笼，城内八旗见到信号，就结集队伍，东向迎敌。

城内有变或敌人破城，就挂黄旗或黄灯。在挂旗或悬灯的同时，还要放21响信炮报警，为此，在白塔山山坡专置一信炮台，清时设信炮总管一员，五品官，八旗各一专司监守。

静宜园

　　静宜园位于北京西北郊的香山，全园结构沿山坡而下，是一座完整的山地园，分为三部分，即内垣、外垣、别垣。

　　内垣在东南部的半山坡的山麓地段，是主要景观和建筑荟萃之地，包括宫廷区和古刹香山寺、洪光寺两座大型寺庙，其间散布着璎珞岩等自然景观。内垣的西北区黄栌成片，每至深秋，层林尽染，观西山红叶成为静宜园的重要景观。

　　外垣是香山的高山区，面积广阔，散布着15处，大多为欣赏自然风光之最佳处和因景而构的小园林建筑。别垣是在静宜园北部，包括有昭庙和正凝堂两组建筑。

千年历史积淀的香山建筑

香山拥有千年历史。东晋时仙人葛稚川就在此炼丹，有"丹井"于香山，唐代出现了寺院景观，《宛署杂记》记载：

香山永安寺创自李唐，沿于辽金，兴废莫详，而遗址仅存……妙高堂在香山寺右，唐以来有之，即今东方丈处。

香山寺来青轩遗址

■ 香山碧云寺牌坊

辽金时期，帝王投资进一步建置香山皇家园林，1186年，金世宗完颜雍看中了北京西北郊的香山，并建造了香山寺，《帝京景物略》道：

> 山多名迹，葛稚川井也。金章宗之台、之松、之泉也，日祭星台、日护驾松、日梦感泉。

元代香山以景取胜，有香山八景和碧云十景。明代宦官擅权禅林逐胜，兴修了洪光寺、玉华寺，扩修了香山寺、碧云寺等，出现了"西山佛寺累百"的禅林盛况。清朝康乾盛世，西山开发进入颠峰，形成著名的"三山五园"和西山大园林区。

几经建设，香山已成为集不同朝代之风格、禅林与自然山林景观完美结合的风景区，为日后香山静宜园的形成和西山园林开发建设奠定了基础。

可以说，北京西北郊的香山，是一座以山地为基

完颜雍（1123年—1189年），原名完颜褎，金第五位皇帝。女真名乌禄，金太祖完颜阿骨打孙，海陵王完颜亮征宋时为辽东留守，后被拥立为帝，在位29年，终年67岁。停止侵宋战争，励精图治，革除海陵王统治时期的弊政，实现了"大定盛世"的繁荣鼎盛，金世宗也被称为"小尧舜"。

址而建成的行宫御苑。香山丘壑起伏，林木繁茂，为北京西山山系的一部分。

主峰香炉峰，俗称"鬼见愁"，海拔557米，南、北侧岭的山势自西向东延伸递减成环抱之势，景界开阔，可以俯瞰东面的广大平原。

香山寺位于香山南麓，原名永安寺，又称甘露寺，乾隆时改称香山寺。寺门东向，前有牌坊和古松掩映，有"听法松"的景致。

■ 香山香炉峰

山门内有婆罗树，南北设钟楼和鼓楼，上为戒台坛，内正殿七开间，殿后厅堂名眼界宽，后有六会楼三层，后山上有楼宇上下各六楹。寺院依山势而建，层层而上，正中百步石级串联着五座大殿，很有气势。

以香山寺为中心，周边陆陆续续建造了很多建筑，香山寺北为观音阁，后为海棠院，院东为来青轩，西为妙高堂。北有无量殿。来青轩西南为欢喜园，东西各有坊楔。香山寺北稍西六方亭为唳霜皋。

香山寺西北为洪光寺，山门东北向，内建毗卢圆殿，正殿五楹，左为太虚室，又左为香岩室。

清康熙年间，就香山寺及其附近建成"香山行宫"。1745年，建龙皇帝在行宫的基础上加以扩建，翌成竣工，改名"静宜园"。园内的大小建筑群共50余处，经乾隆皇帝命名题署的有"二十八景"。

静宜园是清代的一座以山地为基址而建成的行宫御苑，分为三部分，即内垣、外垣、别垣。

内垣在东南部接近山麓，为园内主要建筑荟萃之地，各种类型的建筑物如宫殿、梵刹、厅堂、轩榭、园林庭院等，都能依山就势，成为天然风景的点缀。

外垣占地最广，是静宜园的高山区，建筑物很少，以山林景观为主调。这里地势开阔而高峻，可对园内外的景色一览无遗。外垣的"西山晴雪"，为著名的燕京八景之一。

别垣在静宜园北部，包括见心斋、昭庙两组建筑。园中之园见心斋始建于明代嘉靖年间，庭院内以曲廊环抱半圆形水池，池西有三开间轩榭，即见心斋。斋后山石嶙峋，厅堂依山而建，松柏交翠。昭庙

■碧云寺大门

济公（1148年—1209年），即济颠，原名李修缘，南宋高僧，天台县人。他破帽破扇破鞋垢衲衣，貌似疯颠，初在杭州灵隐寺出家，后住净慈寺，不受戒律拘束，嗜好酒肉，他举止似痴若狂，是一位学问渊博、行善积德的得道高僧，被列为禅宗第五十祖，杨岐派第六祖。

是一所大型佛寺，全名"宗镜大昭之庙"。

碧云寺是香山的一部分，与香山寺、昭庙等同属佛教道场。故有"西山苍苍，上于云霄，重冈叠翠，平朝皇阙，中有道场四香山"的说法。

碧云寺的创建可以追溯到元朝，原名为碧云庵，后来，太监于径在寺后建生坟，并重修寺院，更名为碧云寺。1748年，增建罗汉堂和金刚宝座塔。

碧云寺寺前设有城关，入关百步达山门，寺坐西朝东，依山势而建，共六层院落，层层殿堂依山叠起，松柏参天，浓荫蔽日。乾隆游碧云寺时，称这里是：

■ 香山碧云寺金刚宝座塔

试参山水秀，果占画图全。
衣履如沾润，林峦益逞妍。

一弘天半澈，百道润边悬。

寺院布局充分利用地形，空间大小不一。最后一进院落，空间着意扩大，立白石牌坊。百步之外，是金刚宝座塔。塔座上有两座小型喇嘛塔和五座方形十三层密檐式塔。整个金刚宝塔满布精致浮雕，有大小佛像、天王、力士、龙凤狮象和云纹等。

南跨院内有仿杭州净慈寺的罗汉堂，堂内有贴金罗汉五百尊，还有神像七尊和济公的造像。堂北为普明觉妙殿，

■碧云寺佛塔

北跨院为水泉院，清泉从山石流出，汇集池中。因水得景，开辟水泉院园林。园林西倚峭壁，东临山谷，古木华盖，十分幽静，由台座、叠石和古树划分空间。

053
园林经典
静宜园

阅读链接

听法松位于香山寺的山门内，清乾隆皇帝曾夸它是"百尺高耸，侧立回声，尤为奇古"。

相传在1400多年前的南朝时期，有位和尚在此讲经说法，由于讲得义理明澈，竟使愚钝无知的石头蒙受感化。

于是乾隆皇帝根据这段神话故事，把这株奇古的松树命名为"听法松"。并在御制《听法松》诗中写道："点头曾有石，听法讵无松。"

现在，树旁刻石上有"听法松"三字。

依山势设计的园林布局

　　静宜园的园林布局有别于其他园林，以山为主，分散于山野丘壑之间。香山又可划分为三个区，即东北区、东南区和西北区。

　　东北区仅包括昭庙、碧云寺和正凝堂及眼镜湖。北门附近有小

昭庙琉璃牌坊

湖，水面被一分为二，形似眼镜，故名眼镜湖。湖北岸山坡叠石造景，一泓流泉由山洞流出，形成小瀑布，有"水帘"之称。

■ 香山昭庙建筑

湖东南有"佳日亭"一座，为十字重檐，苏式彩画。山花芳草在沟壑石缝和小溪池水旁争奇斗艳，古柏苍松、老槐垂柳交汇成一片清荫。

它的北边有香炉峰，顶峰有两块巨石，形如香炉而得名。由眼镜湖往西，可达正凝堂。这是一座水庭园林，即见心斋。庭院内以曲廊环抱半圆形水池，池西有三开间的轩榭，即见心斋。

斋后山石嶙峋，厅堂依山而建，松柏交翠，环境幽雅。见心斋倚别垣之东坡，地势西高东低。园外的东、南、北三面都有山涧环绕，园墙随山势和山涧的走向自然蜿曲，逶迤高下。园林的总体布局顺应地

苏式彩画 源于江南苏杭地区民间传统做法，故名，俗称"苏州片"。一般用于园林中的小型建筑，如亭、台、廊、榭以及四合院住宅、垂花门的额枋上。其是一大类彩画的总称，它有相对固定的格式，主要特征是在开间中部形成包袱构图或枋心构图，在包袱、枋心中均画各种不同题材的画面，如山水、人物、翎毛、花卉、走兽、鱼虫等，成为装饰的突出部分。

■ 香山昭庙

三合院 为古厝传统的基本形式，我国传统民居。三合院一般是由北面正房和东西厢房组成。由于房屋坐落于三个方向，故名"三合院"。三合院是四合院的简化形式，通常是将四合院的南房直接用院墙代替，大门也采用门楼样式。

形，划分为东、西两部分。

东半部以水面为中心，以建筑围合水景为主体，西半部地势较高，则以建筑结合山石的庭院山景为主体。一山一水形成对比，建筑物绝大部分坐西朝东。

东半部的水面呈椭圆形，另在西北角延伸出曲尺形的水口，宛若源头流水无尽之意。随墙游廊一圈围绕水池，粉墙漏窗极富江南水庭的情调。

水池的东岸建一方亭，与见心斋隔水相对应，但稍偏北，为的是更好地观赏西岸的全景。

西半部是建筑物比较集中的一区。一组不对称的建筑居中，正厅"正凝堂"与东面的见心斋和西面的方亭构成一条东西向的中轴线，北厢房即作为东西两部分之间交通枢纽的楼房的上层。

三合院的北侧为两层的畅风楼，前临山地小庭院，既是全园建筑构图的制高点，也是俯瞰园景和园外借景的观景点。南侧和西侧的山地小庭院各以一座方亭为中心，点缀少量山石，种植有大片的树木。

昭庙位于见心斋东南，只一桥之隔。昭庙是一所大型佛寺，全名"宗镜大昭之庙"，1780年乾隆皇帝为了纪念六世班禅来京朝觐而修建的，兼有汉族和藏族的建筑风格。庙后矗立着一座造型秀美、色彩华丽的七层琉璃砖塔。

昭庙庙门东向，门前小广场建琉璃牌坊一座，前殿三开间，位于台上，绕东南北三面上下凡四层。其西为清净法智殿。其后为红台，也是四层。

庙后山坡上建有八角七层密檐琉璃塔一座，下层为砌石基座，每面刻佛像一尊。塔形与承德外八庙的琉璃塔相似。

东南景区是香山静宜园主景区，也是宫廷区所在。香山二十八景中，本区占十多处。主要园林建筑有虚朗斋、双井、绿云舫、璎珞岩、翠微亭、丽瞩楼、青未了、栖云楼、来青轩和驯鹿坡等。

静宜园东宫门外设城关二座，关内东西各立牌坊两座，中架石桥，下为月河、渡桥，宫门五开间，左右朝房各三间。入宫门迎面为勤政殿，殿前有月河，殿倚山而筑，南北设配殿。宫门的西南处不远，有虚朗斋。

双清在香山寺以南的山腰中，原

057

园林经典

静宜园

■ 香山琉璃塔

■西山晴雪石碑

有两股清泉，乾隆在泉旁石崖上题"双清"两字。

西北山地景区有玉华岫、森玉笏、香岩室、霞标磴、玉乳泉、绚秋林、雨香馆、晞阳阿、芙蓉坪、香雾窟、栖月崖、重翠崦和隔云钟等景点，有朝阳洞和燕京八景之一的"西山晴雪"，还有阆风亭和多景亭。

西山晴雪位于香炉峰下，地势开阔，可一览全园风光。森玉笏位于西山晴雪以东。山坡上，一块巨石峭然耸立，石上刻乾隆所书的"森玉笏"三个大字。乾隆作诗词赏道：

> 冈纷合沓，峻岭郁嵯峨，俨若千夫立，森然万玉罗。色无需藻绘，坚不受砻磨，山伯朝天阙，圭璋列几多。

玉华岫踞森玉笏不远。在森玉笏东北半山上有玉华寺，山门东向，正殿三开间，殿西南的厅宇便是玉华岫，其东为皋涂精舍。

芙蓉坪地势很高，与西山晴雪处于同一高度，暑天凉爽，四周丛林密茂，环境幽静。

此外，静宜园还有很多美丽的景观，洪光寺前盘道间敞宇三楹为霞标磴。霞标磴之北为玉乳泉。玉乳

笏 古时候，文武大臣朝见君王时，双手执笏以记录君命或旨意，亦可以将要对君王上奏的话记在笏板上，以防止遗忘。明规定五品以上的官员执象牙笏，五品以下不执笏。从清朝开始，因为礼节和习俗的不同，笏板废弃不用了。

泉西稍南为绚秋林。林北为雨香馆，后为洒兰书屋，其南为林天石海。

芙蓉坪西南为香雾窟，东南北小坊座各一，东面大坊座一，正宇七楹。后为竹精舍，其北岩间有西山晴雪石幢，又北为洁素履。

香雾窟南稍东为栖月崖，厅宇三楹。其西宇为得趣书屋，距崖半里许，设石楼门，镌题为"云阙"。栖月崖北为重翠崦，其下为龙王堂，堂下有泉。

重翠崦东南为玉华寺，山门东向。殿西南厅宇为玉华岫，其东为皋涂精舍。玉华寺西南峰石屹立，上勒御题，为森玉笏。东北为超然堂，堂南为旷览台，后为碧峰馆。森玉笏东北峰上有亭为隔云钟。

丽瞩楼北度岭为晞阳阿。其北坊座一，东坊座一，西为朝阳洞，后为观音阁。晞阳阿北为芙蓉坪，楼宇三楹。其东敞宇为静如太古。

勤政殿为香山二十八景之首，是香山具有皇家园

芙蓉 生于陆上者叫木芙蓉，生于水上者叫水芙蓉。水芙蓉就是荷花，又叫芙蕖。荷花是莲科莲属多年生水生草本植物，又称莲花。古称芙蓉。荷花原产于我国，通常在水花园里种植。

■香山玉华岫

香山勤政殿

林特色的标志性建筑，是乾隆皇帝来园驻跸临时处理政务，接见王公大臣之所，取意勤政务本、勤于思政。

1860年焚毁，后来，在修复重建的过程中，对正殿、南北配殿及牌楼进行了重点修复。勤政殿是一组单檐歇山式建筑，正殿内、外檐是金龙和玺彩画。

香山"自成天然之趣，不烦人事之工"，是集皇家栖居林泉、避喧听政于一体，融天地人和儒释道文化于一堂的园林经典。

阅读链接

关于香山名字的由来，主要说法有三种：

一是其名来自佛教经典。据《佛教文化便览》记载：佛教创始人释迦牟尼出生地迦毗罗卫国都城，附近有山名香山，释迦牟尼在世时其弟子有入香山修道者，其后仍有很多佛教徒在香山修道。

二是得名自最高峰的钟乳石，其形似香炉，称为香炉山，简称香山。

三是得名自古时香山的杏花，花开时其香味使得此山成为名副其实的"香山"。

圆明园

圆明园坐落在北京西郊，与颐和园毗邻。它始建于1709年的清朝康熙年间，由圆明园、长春园、万春园三园组成。

圆明园有园林风景百余处，建筑面积近16万平方米，是清朝帝王在150余年间，创建和经营的一座大型皇家宫苑。

圆明园继承了我国3000多年的优秀造园传统，既有宫廷建筑的雍容华贵，又有江南水乡园林的委婉多姿。

同时，又吸取了欧洲的园林建筑形式，把不同风格的园林建筑融为一体，在整体布局上使人感到和谐完美，被誉为"一切造园艺术的典范"和"万园之园"。

定鼎中原后始建圆明园

　　北京的西郊，有连绵不断的西山秀峰。玉泉山、万寿山、万泉庄、北海淀等多种地形，自流泉遍地皆是，在低洼处汇成大大小小的湖泊池沼。

■曾经的万园之园圆明园

■ 圆明园再现图

　　玉泉山水自西向东顺山势注入昆明湖，成为西郊最大的水面。这里开垦了大片水稻田，形成了自然风景区。

　　早在辽代，封建帝王就选中这里建造了玉泉山行宫。元明以来，也都成为皇帝游幸避暑之地。到了明代，这里的自然景色吸引了更多的人，于是一些达官贵人就占据田园营建园林别墅。

　　在明朝的万历年间，皇亲武清侯李伟，在这里大兴土木，首先建造了规模宏伟、号称"京国第一名园"的清华园。

　　后来，明代书画家米万钟又在清华园东墙外导引湖水，辟治了幽雅秀丽的"勺园"，取"海淀一勺"的意思。空旷郊野，出现了亭台楼榭与湖光山色交相辉映的景象，成为京郊名噪一时的园林汇集之地。

　　清朝入关以后，他们对北京盛夏干燥炎热的气候

米万钟（1570年—1628年），明代书画家。字仲诏、子愿，号友石、湛园、文石居士、勺海亭长、海淀渔长、研山山长、石隐庵居士，陕西安化人，徙居燕京，米芾后裔。官太仆寺少卿、江西按察使等职。有好石之癖，善山水，花竹，书法行、草俱佳，既有南宫篆法，也有章草遗迹。与董其昌齐名，称"南董北米"。

■ 重建后的圆明园
迎晖门

很不适应。紫禁城虽然建造得金碧辉煌、宏伟壮丽，但是清朝的皇帝却感到无比呆板憋闷。

康熙皇帝看中了西郊这块绝好的造园之地，于是，从康熙初年便开始大规模地兴建园林。

1688年，康熙皇帝下令在清华园的旧址上建造了面积达60万平方米的畅春园，他每年的大部分时间都在那里避喧听政，清代帝王园居生活自此开始。

在畅春园的周围，有很多明朝遗留下来的私家园林，清初时收归内务府奉宸院后，就把这些前明私园分赐给清皇室成员和王公大臣。

1709年，康熙帝将离北京西北郊畅春园北面一里左右的一座园林赐给第四子胤禛，即后来的雍正皇帝，并亲题园额"圆明园"。

当时的圆明园是一座约33万平方米的水景园，虽然也有所建造，但由于规模不能超过皇帝的畅春园，

康熙（1654年—1722年），爱新觉罗·玄烨的年号，玄烨是清朝的第四位皇帝。8周岁登基，14岁亲政，在位61年。是我国历史上在位时间最长的皇帝，他勤政爱民，开创了康乾盛世的局面，谥号合天弘运文武睿哲恭俭宽裕孝敬诚信功德大成仁皇帝。

所以建景不多，名声也不大，远远比不上畅春园。

九州清宴就是在此时建成的，在圆明园中，有三池较大的水域，为前湖、后湖和东湖，即福海。在后湖，湖面呈大清疆域的形状，九岛团团簇拥着明丽的湖面，呈"一统九州，天下升平"的气象。

"天地之至数，始于一，终于九焉"。几经演变，冀、兖、扬、荆、豫、雍、幽、梁、徐或青的"九州"已成为华夏的别称和我国的象征。

九州一片安宁，湖水波平浪静，天下永久太平，这就是九州清宴的寓意。九岛中的"九州清宴殿"为圆明园四十景之一，也是九岛中最大的岛，面临前湖，背倚后湖，是一颗镶嵌在两池间的璀璨明珠。

九州清宴标志着威严、正统的宫廷区结束，绚丽辉煌的园林景区揭幕。同时，这里又是圆明园历史的开始。作为胤禛的藩邸赐园，1709年，康熙为建筑群

内务府 是我国清朝管理宫廷事务的机构，为清代特有，始设于顺治初年，内务府职官多达3000人，比事务最繁的户部人数多10倍以上，可以说是清朝规模最大的机关。内务府主要职能是管理皇家事务，诸如皇家日膳、服饰、库贮、礼仪、工程、农庄、畜牧、警卫扈从、山泽采捕等，还把持盐政、分收榷关、收受贡品等。

065

■圆明园遗址

中的圆明园殿御书了"圆明"两字。胤禛的理解为：

> 圆而入神，君子之时中也；
> 明而普照，达人之睿知也。

而他的儿子弘历却解释说："圆明之义，盖君子之中也。"

九州清晏位于前、后湖之间，是帝后的寝宫区，是后湖景区最大的一组建筑群。该景中轴线上自南而北，分别是圆明园殿、奉三无私殿和九州清晏殿，统称"圆明园三殿"。

三殿以游廊连接，形成两进院落，主殿是皇帝接见臣僚，处理政务之所。九州清宴殿为七楹外加檐廊、抱厦，是皇帝在园内最主要的一处寝宫。

殿内铺金砖并有东西暖阁、仙楼、宝贝格等。东暖阁内有火炕和床，西暖阁有床和风扇。宝贝格内有古玩瓷器等陈设。

殿内还有自鸣钟、铜盆等。殿前安设铜仙鹤一对，有桂花罩棚、梅花罩棚各四座，仙鹤西侧还植有海堂、茶树各一株。殿后设有码头。殿东为"天地一家春"，院落层叠相套，是后妃们的寝宫，殿西是皇帝所居的"乐安和"。

阅读链接

据清朝档案《乾隆穿戴档》记载：每次皇帝出游，都会从这里坐船先到对岸的慈云普护拜佛，然后乘船到万方安河改乘轿到月地云居上香敬佛，再到安佑宫祭祖。在别处看景观荷等游山玩水之后，到坦坦荡荡观鱼，最后回到此殿。

祭祖是我国一项慎终追远的传统，过节总不会忘记祭拜死去的先人，春节也不例外。供奉食物或鲜花以表心意，是我国普遍采用的仪式，祭祖的形式或许因宗教信仰而不同，但纪念祖先的意义却是相同的。

慈云普护和镂月开云

　　慈云普护位于后湖中轴线上，是一处宗教建筑，南北长120米，东西宽90米，占地面积10000平方米，建筑面积800平方米。

　　其造景布景是仿浙江天台山的石桥幽致。整组建筑一面靠山，三面临水，主殿为一座二层建筑，名叫"慈云普护"。一楼上供奉观世

■重建后的圆明园夏季景色

皇家御苑

非凡胜景的皇家园林

■ 重建后的圆明园凉亭

关羽（约162年—220年），字云长，河东解良人，汉末三国时期名将。刘备起兵时，关羽跟随刘备，忠心不二，深受刘备信任。关羽兵败被害后，逐渐被神化，被民间尊为"关公"。历代朝廷多有褒封，清代奉为"忠义神武灵佑仁勇威显关圣大帝"，崇为"武圣"，与"文圣"孔子齐名。

音菩萨，楼下祀奉三国名将关羽神像。

二层楼往南是龙王殿，殿内供奉着圆明园福海的昭福龙王。龙王殿往南有前殿三间，外檐悬挂有雍正御书的"欢喜佛场"，殿前还有藤萝架一座，藤萝架旁还有一个牡丹花池。

九洲清晏西部有清晖阁，阁为上下各七间，轩宇高敞，乾隆皇帝弘历非常喜欢在这里看书、赏景，被誉为"御园第一避暑地"。

九洲清晏东为天地一家春，是皇后与妃嫔的寝宫，有大小数个院落，单独有宫门。

在天地一家春，传说发生了一件悱恻缠绵、影响历史的爱情故事。

在很多年后的一天，咸丰帝游园经过圆明园的"桐荫深处"，听到有人在轻轻唱着一支南方民间小曲儿，很觉奇异。随侍内监告诉咸丰，这是一名叫玉兰的普通宫女，幼年随父生活在江南，因此颇为擅长南方小调。

咸丰步入桐荫深处，命她接着唱，婉转动听的歌声让咸丰如醉如痴。

自此，兰儿得宠，成为贵人，继而封为懿嫔。她为咸丰生下皇子载淳即同治，再晋封懿妃，懿贵妃。就从"桐荫深处"走进了"天地一家春"。

她就是后来统治我国48年的末代"女皇"慈禧。"天地一家春"也顺理成章成为了慈禧的寝宫。

"乐安和"曾为乾隆居住，假山叠石，藤萝花架，假山上建有玉兰亭，一派园林风趣。西后为"清晖阁"存放着雍正的《圆明园记》、乾隆的《圆明园后记》和宫廷画师沈源、唐岱等人绘制的四十景图。阁前有露香斋、茹古堂、松云楼、涵德书屋等。

乐安和北面的怡情书室，传说是乾隆的书斋。再北是矩形金鱼池，池北游廊设漏窗，西北角的鱼跃鸢飞，濒临后湖，近水楼台，轻盈，剔透。远眺鸢飞，近观鱼跃，不亦乐乎。

紧接着，又建造了长春仙馆，长春仙馆位于前湖西面，九州清晏的西南角，门三楹，殿五楹，殿后有

龙王 道教崇奉的神祇，源于古时候人们对于龙神和海神的崇拜。大龙王有四位，为四海龙王，奉玉帝之命掌管四方之海，掌管人间风雨。小的龙王可以存在于一切水域中。

画师 画家的另一种称呼，多见于我国古代，古代画师一般指的是宫廷画师，专为皇室画画。像宫女入选和一些重大的礼仪活动都需要画师。后来，画师通常指以绘画为职业的人，包括以绘制生产大量画作为生的人，经验和技术较浅的多称为画工或画匠。

■ 修复的圆明园古桥

御膳房 专门准备皇帝和皇后食桌的厨房。宫廷"御膳房"是金碧辉煌的紫禁城内的组成部分。御膳房设有荤局、素局、挂炉局、点心局、饭局五局。荤局主管鱼、肉、海味菜；素局主管青菜、干菜、植物油料等；挂炉局主管烧、烤菜点；点心局主管包子、饺子、烧饼、饼类，以及宫中独特糕点等；饭局则主管粥、饭。

■ 圆明园内的太湖石

绿荫轩、丽景轩、春好轩、含碧堂和林虚桂静，它们曾是弘历年轻时读书的地方。西岸还建有御膳房、御茶房、御药房、太监值班房等。

正北跨溪建有亭桥一座，名叫"鸣玉溪"，西为藻园。占地面积3700多平方米。乾隆即位前曾居于此，有殿门三间，正殿五间。

九州清晏的东岸为天然图画，几乎占据了整个东岸，突出的楼台面向后湖。南北长150米，东西宽110米，占地面积16000平方米。

主体建筑为一方楼，楼北为朗吟楼、五福堂、竹深荷静，西为静知春事佳景观，东为苏堤春晓景观。

南部凿池，临池布置了带抱厦的五福堂和漏窗花墙。北部筑院，屋顶为重檐歇山卷棚顶。

临湖建有朗吟阁和竹蕅楼。登楼可远眺西山群岚，中观玉泉万寿塔影，近看后湖四岸风光，景象万千，宛如天然图画一般。这一景的园林植物配置也独具匠心，院内有翠竹万竿，双桐相映。

巨石高峰叠翠耸立，山间树木挺立成林，云气烟岚环绕不散，溪水蜿蜒而伸。

湖面涟漪，渔舟点点，山峦平坡，树木繁茂葱郁，涧水曲折回转急流，茅台亭阁隐现。意境深幽，恬静秀丽。

牡丹台的主体建筑为纪恩堂，位于九州清晏之东，后湖的东南角，与天然图画相邻。南北长108米，东西宽95米，占地10000平方米。

在汉白玉的台基上，有一座三开间宫殿，建筑木料以楠木为主，琉璃歇山顶，殿顶覆黄蓝两色琉璃瓦，拼成图案，灿若金碧。

殿前平地，列置奇石，平台之上，植牡丹数百本，初夏怒放，姹紫嫣红，迎风飘香，雍容富贵，花团锦绣。

后来，在1744年，乾隆皇帝将牡丹台改名为"镂月开云"。

阅读链接

1744年，乾隆将牡丹台改名为"镂月开云"。传说名字源于乾隆的一个梦境。

乾隆在天然图画楼午睡，做梦飘向了牡丹台。朵朵白牡丹变成了朵朵白云，将他团团围住，忽又飘出了条条白绸带，缠住了他的脖子。

乾隆大惊失色，高呼："救驾！"贴身侍卫持剑跑来，只听当啷一声，乾隆从噩梦中醒来。

原来，一个前来献宝剑的太监不慎将名为"镂月"的宝剑跌落在地上。因为"镂月"剑在乾隆的梦中驱赶白云，救驾有功，被封为镇园剑，悬挂在牡丹台殿堂高处，牡丹台也就被改为"镂月开云"了。

雍正时期步入鼎盛发展

　　1723年，胤禛即位，年号为雍正。随着胤禛的登基和清王朝的太平盛世到来，雍正开始拓展圆明园，并在园南增建了正大光明殿和勤政亲贤殿以及内阁、六部、军机处诸值房，御以"避喧听政"。

　　圆明园的总设计师是叫雷金玉的建筑师，他是在修建紫禁城时被康熙看中的。但在实际建造中大多还是皇帝的看法，不论是康熙、雍

■圆明园内的曲桥池荷

正还是乾隆都亲自指导。

正大光明殿是圆明园的正殿，是皇帝每年举行生日受贺、新正曲宴亲藩、小宴廷臣、中元筵宴、观庆龙舞、大考翰詹、散馆乡试及复试的地方。

正大光明殿面阔七间，进深五间，前后有出廊，灰瓦，卷棚歇山顶。左右有东西配殿五楹，分别为茶膳房、御书房、清茶房和军机处。殿内还有雍正帝和乾隆帝手书的楹联：

> 心天之心而宵衣旰食；
> 乐民之乐以和性怡情。

> 通求宁观成，无远弗届；
> 以时对育物，有那其居。

东壁悬有御书《周书·无逸》，西壁悬有《豳风图》。殿后有寿山，山上有笋石，后来被移到颐和园的仁寿殿中。

御书房 御书房是皇帝读书藏书之所。"御书房"三字取自乾隆八玺的"御书房鉴藏宝"玺篆体真迹。"汇流澄鉴"四字匾额原为乾隆在四库全书存放地文渊阁的御笔亲书，意即汇集知识之源，洞悉古今之理。

六部 从隋唐开始，中央行政机构中对吏、户、礼、兵、刑、工各部的总称。其职务在秦汉时期本为九卿所分掌，魏晋以后，尚书分曹治事，曹渐变为部，隋唐始确定以六部为尚书省的组成部分。

朱熹（1130年—1200年），字元晦、一字仲晦，号晦庵、晦翁、考亭先生、云谷老人、沧州病叟、逆翁。他是南宋著名的理学家、思想家、哲学家、教育家、诗人。世称朱子，是孔孟以来最杰出的弘扬儒学的大师。

屏风 古时建筑物内部挡风用的一种家具，所谓"屏其风也"。屏风一般陈设于室内的显著位置，起到分隔、美化、挡风、协调等作用。它与古典家具相互辉映，相得益彰，浑然一体，呈现出一种和谐之美、宁静之美。

■ 圆明园遗址

大殿的正中是皇帝宝座，为紫檀木所制，做工精美，宝座上覆盖着黄色绣缎套子，宝座位于高台之上，下面有三级台阶，台四周环以红漆木栏杆，雕刻着玫瑰等花卉，精美富丽。

宝座两边竖有高高的屏风，屏风上装饰着蓝翡翠和孔雀毛，雀羽上点缀着红宝石和碧玉。宝座上铺着精美的绣花椅垫。

宝座正上方悬挂着"正大光明"的四字匾额，这是一块墨拓纸匾，上面书有"正大光明"四个白色的大字，随着时间的推移，白色已变为黄色了。

正大光明匾额为雍正手书，语出宋时朱熹《朱文公集·三八答周益公书》：

> 至若范公之心，正大光明，故无宿怨，而绻绻之义，实在国家。

意思为正直无私，光明磊落。

圆明园古门遗址

　　木质天花板雕镂着深深的花纹，悬吊着晶莹剔透的刻花玻璃灯具，窗户上糊着白色的高丽纸。在正大光明殿西墙上还悬挂有一幅圆明园全景大观图，大得几乎盖住了整面墙。

　　东墙则悬挂着乾隆御书的《御书周书无逸篇》。乾隆皇帝很欣赏这里的格局，称赞道："不雕不绘，得松轩茅殿意。"

　　勤政亲贤殿在正大光明殿的东侧，"勤政亲贤"一词出自三国时期，蜀国丞相诸葛孔明在后出师表中劝告皇帝要亲贤人，远小人，要勤于政事。

　　在殿内正中是皇帝处理政务的御座，御座之后高大的屏风上有雍正的手书"无逸"，所有的一切都是一脉相承，意在自勉。

　　在我国的历史上，雍正帝是一个十分罕见的勤奋异常的皇帝。深夜，整个帝国都进入了梦乡，但是在

丞相 古代官名。我国古代皇帝的股肱，典领百官，辅佐皇帝治理国政，无所不统。丞相制度，起源于战国。秦朝自秦武王开始，设左丞相、右丞相。明太祖朱元璋杀丞相胡惟庸后废除了丞相制度，同时还废除了中书省，大权均集中于皇帝，君主专制得到加强，皇权与相权的斗争以皇权胜利而告终。

■ 圆明园遗址

景泰蓝 北京著名的传统手工艺品。又称"铜胎掐丝珐琅"，俗名"珐蓝"，又称"嵌珐琅"，是一种在铜质的胎型上，用柔软的扁铜丝，掐成各种花纹焊上，然后把珐琅质的色釉填充在花纹内烧制而成的器物。因其在明朝景泰年间盛行，制作技艺比较成熟，使用的珐琅釉多以蓝色为主，故而得名"景泰蓝"。

圆明园中的雍正还在批阅着奏折。

根据大清的律例，三品以上的高级官员，都可以直接给皇帝写密折，奏事言情。这是雍正与他的高级官员们的重要也是主要的沟通手段，皇帝必须在每个奏折上面写下自己的意见。

清宫档案记载，一年当中，雍正只有在自己生日的那天才得以休息。在13年的当政期间，雍正每天的睡眠时间不足4个小时。以汉文写的朱批奏折多达22000多件，以每件朱批平均为100字计算，字数就有220多万字。

勤政亲贤殿内宽敞明亮，陈设讲究。殿前院落，回廊曲径，清幽雅致。东北的一所院落里有飞云轩、静鉴阁、怀清芳、秀木佳荫、生秋庭等馆轩。

东边的院落由碧芳丛、保合太和、富春楼以及竹林清响殿等组成。每到夏季，清帝由勤政殿迁到碧芳丛，"阅揽批章，传膳办事"。碧芳丛东面为十八间库，储藏着皇帝后妃的各种服装和用具。

院落的北部正中是一座带三间抱厦、面阔九间的保合太和殿，殿内分隔成三大间，异常豁朗，地板是拼成美丽图案的大理石，天花板上，悬挂着灿烂的玻璃灯架。

墙壁四周雕花紫檀桌子和茶几上，摆列着景泰蓝和珐琅质的瓶子和杯盏，镀金和纯金的钟，还有很大的玻璃镜子，镶在紫檀雕花的框座里面。

保合太和殿的后面是"富春楼"，有一架螺旋形梯子通到楼上，上面一排屋子中收藏着许多名贵的古字面，还有西洋油画、雕塑等美术品。富春楼的西边还有临近前湖的"生秋亭"等建筑。

北部有门，通向一个小石子铺成的甬路，可通行马车，保合太和殿东西各有院落。

西院自南而北建有飞云轩、四得堂、暖阁、秀木

马车 我国古代的马车常用于战斗之中。一般为独辀、两轮、方形车舆，驾四匹马或两匹马。车上有甲士三人，中间一人为驱车手，左右两人负责搏杀。其种类很多，有轻车、冲车和戊车等。战车最早在夏王启指挥的甘之战中使用。

077

万园之园 圆明园

■遗址北京圆明园

圆明园清音阁模型

佳荫，生秋亭五进厅堂轩阁，都是妃嫔的寝宫。绣房内，铺陈华丽，点缀新奇。

东院是一处很大的库房，称为十八间库，里面装满了一箱箱的皮货，瓷器和绣花衣服鞋子。皮货中有银鼠、黑貂、灰鼠、细骆驼绒、珍珠皮、黑狐等珍贵的皮衣。

库房里还装着许多龙袍，蓝、黄、橙、紫各色华丽的绸缎上，绣着精美细致的花样，色彩谐调，配置巧妙，五爪金龙盘绕其上，其做工精细，是无与伦比的。

库内还储藏有我国历代的名人字画以及像景泰蓝、珐琅质和瓷质的玩器，还有西洋的贡品。另外，还堆积着足够当时北京半数居民穿用的绸缎和其他衣料。

1725年，雍正帝胤禛在圆明园南面增建宫殿衙署，占地面积扩大到约200万平方米。此后，圆明园不仅是清朝皇帝休憩游览的地方，也是朝会大臣、接见外国使节、处理日常政务的场所。

阅读链接

在勤政亲贤殿的东、北、西三面山水环绕，山上有采自京郊的假山石。假山石是一种石灰岩，有水、旱两种，形状各异，姿态万千，通灵剔透的假山石，前人论及假山石，最能言其本："石本无性，采后复生"。

这里的景色幽美，林径四达，奇石异卉，布置在各个院落当中，特别是碧芳丛，修竹摇曳，绿荫掩映，清爽宜人。

微风乍起，万竿摇空，如细雨沙沙轻落，婆娑月光掠过竹枝，疏影斜洒，如烟似雾，都是宫廷区不可多得的一景。

乾隆扩建成圆明三园

乾隆帝即位之后，对圆明园是岁岁营构，日日修华，浚水移石，费银千万。不仅在圆明园内调整了园林景观，增添了建筑组群，而且还在圆明园的东邻和东南邻兴建了长春园和绮春园。这三座园林，都在圆明园管理大臣的管理之下，称为圆明三园。

长春园初称"东园"，南北长约220米，东西宽约95米，原有建筑面积2750平方米，占地约21000平方米，相当于圆明三园总面积的五分之一。

淳化轩是长春园主体建筑，始建于1745年，是乾隆为归政后颐养天年而建的。淳化轩位于长春园中心地带的含经堂，建成时正逢《重刻淳化阁贴》竣工，于是就

长春园遗址

孔子 （前551年—前479年），名丘，字仲尼。孔子为春秋末期的思想家和教育家、政治家，儒家思想的创始人，集华夏上古文化之大成，在世时已被誉为"天纵之圣"、"天之木铎"，是当时社会上的最博学者之一，被后世统治者尊为孔圣人、至圣、至圣先师、万世师表，孔子的儒家思想对我国和朝鲜半岛、日本、越南等地区有深远的影响。

将刻板嵌于左右廊的廊壁上，淳化轩由此得名。

《淳化阁帖》原是北宋淳化三年，也就是992年摹刻的，包括王羲之、王献之乃至苍颉、夏禹、孔子等99人的书法名迹，具有相当高的历史研究价值。

鼎盛时期的含经堂，四周山水花木环抱，是长春园内最大的园林建筑风景群，占地45000平方米。主要建筑分三路轴线纵向并列，共有大小殿座近30座。

含经堂西为思永斋，建工字殿17楹。思永斋前建小有天园，思永斋北为海岳开襟，是湖面上建造的双层圆形石台，上有殿宇三层。海岳开襟之东隔水为仙人承露台，台南为茜园，以石取胜，建有茜园八景。

乾隆帝自杭州运来的南宋德寿宫遗石"青莲朵"就陈列于此。含经堂的东面为玉玲珑馆、鹤安斋、映清斋、茹园和鉴园等，园东北角为狮子林。

狮子林有一水关即进水口，一水门即出水口，上面各有一座石拱桥，名叫虹桥。桥身两边各有几首石

■ 重建后的圆明园皇家园林

■ 圆明园文化遗产

刻诗词，落款有乾隆题刻印。

水关南岸置石刻乾隆御笔"狮子林"三字匾。在石匾的背面及水关拱石的内外侧，共有乾隆至嘉庆时期御制的"狮子林"诗刻石十幅。清代学者俞樾赞誉狮子林为：

五复五反看不足，九上九下游未全。

绮春园早期曾是清怡亲王允祥的御赐花园，名为"交辉园"。到乾隆中期该园又改赐给大学士傅恒，易名为"春和园"。后来春和园归入圆明园，正式定名为"绮春园"。

绮春园的宫门，在园子的东南部，被称为"新宫门"。宫门为三开间，前面建有影壁和东西朝房各五间，门内有月牙形的御河流过。

仙人 是我国本土的信仰，也就是神仙，仙人在我国信仰有近两万年的历史，甚至更为久远。仙人信仰在我国早在道教产生之前就有了，后来被道教吸收，又被道教划分出了神仙、金仙、天仙、地仙、人仙等几个等级。佛教传入我国之后，把古印度的外道修行人也翻译成仙人。

通过御桥之后是二宫门，中央是绮春园的正殿迎晖殿，殿北有两条长廊与中和堂相连。

中和堂北面是一座小型山丘，山北则是皇家的寝宫区，寝宫区是园内最重要也是最大的建筑群，它的主要建筑是集禧堂和后来改名为敷春堂的永春堂。

绮春园的中心地带有几处别致的小园，分别是展诗应律、春泽园、生冬室、卧云轩、四宜书屋等建筑群，这几处小园，由蜿蜒的水道分隔开来，相互掩映，相互藏露，如诗画般隽永，极富韵味。

绮春园的西南及东北部以水面风景见长，各有较大的湖面和岛屿，构成独特的景色，绿满轩、畅和堂和澄心堂都建在西南岛屿上，凤麟洲、仙人承露台等则建筑在东北部的岛屿之上。

据说，从东西南北任何一个方位看仙人承露台，都可以欣赏到一个仙人衣衫飘拂的潇洒剪影。

绮春园的西部为清夏堂，占地6600多平方米，

■ 复建的圆明园绮春园宫门

整个建筑形状呈"工"形，是一处盛夏闲居的典型园林，主体建筑以外，尚有亭台、游廊点缀，庭院里植有苍松修竹，室外则有小巧灵秀的湖山在望。

在绮春园南部还有一个相对独立完整的建筑群正觉寺，是一座藏传佛教寺庙，本身有独立对外的南门，后门与绮春园内部相贯通。

此外，在圆明园福园门南，绮春园西墙外，还有一座名叫"澄怀园"的特殊花园，这是专为南书房和上书房词臣所设的寓所，俗称翰林花园，是南书房和上书房翰林的值庐，这是清廷对汉族官员的最高礼遇，后来的咸丰皇帝曾有诗道：

> 墙西柳密花繁处，雅集应知有翰林。

澄怀园实际上是圆明园的附属花园，它的护卫和管理都由圆明园管园大臣统一负责。

福海是圆明园三园中最大的水面，东西南北各宽600米，总面积约为28万平方米，加上周围的小水域共计约32万平方米。

方壶胜境位于福海东北岸湾内，是圆明园中最为美丽的建筑。

龙舟 船上画着龙的形状或做成龙的形状的船。赛龙舟是我国民间传统水上体育娱乐项目，已流传2000多年，多是在喜庆节日举行。史书记载，赛龙舟是为了纪念爱国诗人屈原而兴起的。

方壶胜境前部的三座重檐大亭，呈"山"字形伸入湖中，中后部的九座楼阁中供奉着2000多尊佛像和30余座佛塔，建筑宏伟辉煌，是一处仙山琼阁般著名景观，主题阁楼实为一座寺庙建筑。

方壶胜境原是海神的祭祠，是我国园林中仅有的一座。它是面临福海东北的一个内湖，大小水面之间有一座可开启的吊桥作示意性的分隔，当桥开启，大的龙舟可由福海进入内湖，直达突出湖中的迎薰亭。

主体建筑是对称布置、前后三组的殿堂，上覆黄色琉璃瓦，倒映于水面上，犹如仙山的琼楼玉宇极为壮观。特别当人透过桥洞，远望福海中心的蓬岛瑶台时，更会产生漫游在仙境的观感。

整个建筑群采用对称布局，由一个中轴线连着南北两个群组。南面的一组建筑修建在高大的汉白玉基

■ 圆明园仙人承露遗址

■ 复建的圆明园福海廊桥

座上，正殿为临湖二层楼宇，上层外檐悬挂铜镀金字匾"方壶胜境"，下层外檐悬挂"宜春殿"。

方壶胜境楼下设有宝座，四周摆放有大量古董，楼上为佛楼供有大小佛像1000多尊。方壶胜境前设有汉白玉护栏，东西各有游廊与临湖的三个亭子相连接。西边的亭子叫"凝祥亭"，东边的叫"集瑞亭"，此二亭屋顶形式与紫禁城角楼很相似。

在两亭之间湖面高台之上建有四方凉亭一座，外檐，悬挂乾隆御书"迎薰亭"铜镀金字匾额，此亭的名称和形制与南海瀛台的"迎薰亭"基本相同，亭内设有宝座，皇帝喜欢在此纳凉观景，四周立铜鹿、铜鹤各两对。

亭南设有台阶，平时可作码头，皇帝乘船由福海驶进方壶胜境景区就在此上岸。在迎薰亭北建有一座三孔石桥与北面的方壶胜境殿相连接，桥南北两端还

匾额 我国古建筑的一个必要组成部分，是古建筑的眼睛。一般来说，人们用于表达经义和感情的属于匾，表达建筑物名称和性质的属于额。所以，匾额就是悬挂在门屏上的一种装饰物品，用来凸显建筑物的名称和性质，是人们表达义理和情感的一种文学艺术形式。但也有人认为，横着的叫匾，竖着的叫额。

圆明园石桥遗迹

各建有一座小型琉璃牌楼。

在方壶胜境殿后为六栋二层歇山楼阁，楼阁之间有游廊相连接围成一个封闭空间，整体建筑坐落在高出地面3米左右的平台上。

南部平台上摆有铜鹤、香炉和湖石。中间庭院内还种植有玉兰和苍松。游廊上部是露台，可自由穿行于两楼二层之间。

南面的楼阁叫"哕鸾殿"，殿的规模与形式与方壶胜境殿相同，哕鸾殿楼下设有宝座，此殿为皇帝寝宫，殿内设有床，哕鸾殿楼上为佛堂，供有大小佛像200多尊。

哕鸾殿后为琼华楼，"琼华楼"三个铜镀金字匾为乾隆御书，挂在楼外檐上。琼华楼比起前两座略小一些，楼内设有供帝后休息的床。楼上楼下均供奉有大小佛像及佛塔近千尊。

在琼华楼东有一个独立的小院名叫"蕊珠宫"，小院建有正殿与东西配殿，正殿为三间南向，殿内设有暖阁，这里是帝后来方壶胜境游玩的主要寝宫。

另外，在琼华楼北湖北岸还有一组小院落，乾隆起名叫"天宇空明"。此景在乾隆初年就已经建成，后来又进行了大规模的添建。

前殿天宇空明坐北朝南，是此景区正殿，后殿叫"澄景堂"与前殿有游廊相连接，殿内原收藏有乾隆《重刻淳化阁帖》和《西洋楼铜版图》各一套。在天宇空明殿前临湖还修有四方亭一座，亭内挂乾隆御书"圆翠"。

在方壶胜境以西还建有一组十分有意境的景区三潭印月。三潭印月与西湖三潭印月同名，是圆明园仿建西湖十景之一。

"三潭印月"是由佛语而来，佛语："宗门有三印，谓印空、印水、印泥"。此景建于乾隆初年，在方壶胜境西河池水竖立仿西湖三座砖塔，砖塔高2.4米。

在三塔西为青石叠成的二仙洞，洞口上有活水滴落形成两个小水帘洞，在三塔东建有跨河敞榭，敞榭挂乾隆御书"三潭印月"黑漆金字匾。傍晚皇帝可在敞榭内欣赏三潭印月的景观。在敞榭东建有单孔石拱桥，乾隆赐名"涌金桥"。

三潭印月虽与西湖三潭印月同名，但除水中三座灯塔外与西湖并没有太大相同之处，圆明园三潭印月显得更加小巧玲珑，此景北、

北京圆明园遗址

西、南被土山围住，东为跨水敞榭，皇帝乘船从福海至此，湖面逐渐缩小，建筑从大至小，层层深入，令人流连忘返。

乾隆皇帝在《圆明园四十景·方壶胜境·诗序》中描述方壶胜境时，写道：

> 海上三神山，舟到辄风引去，徒妄语耳。要知金银为宫阙，亦何异人寰？即境即仙，自在我室，何事远求？此方壶所为寓名也。东为蕊珠宫，西则三潭印月，净渌空明，又辟一胜境矣。
>
> 飞观图云镜水寒，拿空松柏与天参。高冈翔羽鸣应六，曲渚寒蟾印有三。拿匠营心非美事，齐人扼腕只虚谈。争如茅土仙人宅，十二金堂比不惭。

蓬岛瑶台是位于福海中的三个小岛，雍正时期名为"蓬莱洲"，三岛仿李思训画意，为仙山琼阁之状，象征东海蓬莱、方丈、瀛洲三

仙山，也是为了追求人间仙境，祈求长生不老的一厢愿望。

三岛位于福海中心，由两座木桥将三岛相连接，正中为大岛，岛上正殿叫"蓬岛瑶台"，殿内设有宝座并设有床。殿内还收藏有《重刻淳化阁帖》和《西洋楼铜版图》各一套。

在蓬岛瑶台大岛的西北和东南还各有一个小岛，西北岛上建有太监值班房，皇帝经常来岛游览，御膳房、御茶房都设在这里。

东南岛上建有一座六方亭，岛上堆有大量山石，还立有很多御制刻石头，雍正、乾隆、嘉庆、道光和咸丰皇帝都有御制诗描写蓬岛瑶台景区，这在圆明园甚至整个清代皇家园林中也是不多见的。

福海在清朝每年端午节都要举行龙舟竞渡，皇帝与皇太后分别在望瀛洲和蓬岛瑶台观赏龙舟竞渡。

在福海的东南角为接秀山房，占地面积12500平方米。建筑形式与涵虚朗鉴很相似，都是沿岸布置，南北遥相呼应，使福海东岸景观显得十分和谐。

接秀山房主殿为西向三间大殿，檐下挂着雍正御笔的"接秀山

■ 重修后的圆明园景色

■ 复建的圆明园石桥

房"匾。殿两端伸出游廊，将南面揽翠亭与北面的澄练楼完美地连接了起来，加强了建筑的整体感。

在接秀山房殿以南，原有一组独立的建筑名叫"观鱼跃"。在嘉庆时被拆除进行改建，建成南向三进五间大殿。嘉庆曾御书"观澜堂"挂在大殿檐下，新建成的观澜堂与九州清晏的慎德堂很相似，是福海沿岸最大的建筑。

观澜堂装饰得十分华丽，整个宫殿房梁、柱子、门窗和室内家具都采用了珍贵的紫檀木，上面镶嵌了金、银，以及珍珠和翡翠等珍贵宝石。

堂东为佛堂，西设有宝座床可供皇帝休息，嘉庆、道光和咸丰三位皇帝都喜欢居住在这里，并留有大量描写观澜堂的诗句。

平湖秋月位于福海北岸，是圆明园内的西湖十景之一，占地面积为20000平方米。平湖秋月的正殿为三间大殿，檐下悬挂雍正御书的"平湖秋月"匾。

盛时逢年过节，这里都会悬挂两对五福骈臻灯和四对六方绢画。殿内收贮一柄棕竹边文竹股心铜轴两

紫檀木 别名"青龙木"，是红木中最高级的用材。是一种颜色深紫黑的硬木，最适于用来制作家具和雕刻艺术品，用紫檀制作的器物经打蜡磨光不需油漆，表面就呈现出缎子般的光泽。因此有人说用紫檀制作的任何东西都为人们所珍爱。

面黑底平湖秋月应景字画扇，一面为词臣曹文植字，一面为画师李秉德画。

正殿北建有敞厅三间，外檐挂乾隆御笔的"花屿兰皋"匾，西北角有游廊与流水音亭相连接，殿前有临水敞厅三间，临水敞厅紧临水面，大有"近水楼台先得月"的意境，坐在敞厅内可欣赏福海西岸与东岸的美丽景色，也是祛暑纳凉的好地方。

在平湖秋月殿东面有一座吊桥，福海的大型游船都是从这里进入北面的大船坞停靠的。

桥的东端高台之上建有一座重檐攒尖顶木亭，亭外悬挂乾隆御笔"两峰插云"的匾，与杭州西湖"两峰插云"同名，是圆明园内西湖十景之一。

每到九九重阳节，这里都是帝后的登高之处。

曲院风荷殿地处福海与九州之间，是一个过渡的景点，也是圆明园中仿建西湖十景规模最大的一处。在曲院风荷殿西建有一座两层小楼，楼内供有佛像，乾隆赐名为"洛伽胜境"，是照浙江定海的普陀山仿建的。

洛伽胜境居曲院风荷殿西，为二层三间，外檐悬乾隆御书"洛伽胜境"匾。嘉庆皇帝曾四次题咏《落迦胜境》。洛伽又称普陀落迦，南海落迦实即东海普

重阳节 为农历九月初九日。《易经》中把"九"定为阳数，九月初九，两九相重，故而叫重阳，也叫重九。重阳节早在战国时期就已经形成。到了唐代，重阳节被正式定为民间的节日，此后历朝历代沿袭。重阳节这天所有亲人都要一起登高"避灾"，插茱萸、赏菊花。

091

■ 圆明园界石

圆明园福海石碑

陀，为佛教四大名山之一。

曲院风荷殿前有一座桥亭，因桥内铺棕，所以俗称"棕亭桥"。其实，过棕亭桥就是一个人工挖掘的大荷花湖，湖面南北长240米，东西宽80米，中央是一座九孔石桥。

九孔石桥又称金鳌玉蝀桥，九孔桥南北河池中，荷花特盛，红衣映波，长虹摇影，是圆明三园最长的一座石券桥。

石桥的东西各立有牌楼一座，西边牌楼题匾"金鳌"，东边牌楼题匾"玉蝀，所以此桥又称"金鳌玉蝀桥"，此桥也是圆明园内最大的一座石桥，在桥东还建有一座上圆下方四方重檐亭，乾隆御书"饮练长虹"匾就挂在亭中。

在湖南岸建有船坞一座，船坞停靠着供帝后游览福海的大小船只，是圆明园内较大的几处船坞之一。

曲院风荷以观荷为主题。"曲院"原是南宋朝廷开设的酿酒作坊，濒临西湖湖岸，近岸湖面养殖荷花，每逢夏日，和风徐来，荷香与酒香四处飘逸，不饮亦醉。

阅读链接

曲院风荷最引人瞩目的仍是赏荷。园内大小荷花池中栽培了上百个品种的荷花，其中特别迷人的要数风荷景区。

这里以水面为主，分布着红莲、白莲、重台莲、洒金莲和并蒂莲等名种荷花，莲叶田田，菡萏妖娆。

水面上架设了造型各异的小桥，人从桥上过，如在荷中行，人倚花姿，花映人面，景色异常怡人。

西洋楼极其周边建筑

为了追求多方面的乐趣，在长春园北界还引进了一区欧式园林建筑，俗称"西洋楼"，由谐奇趣、线法桥、万花阵、养雀笼、海晏堂、远瀛观、大水法、观水法、方外观、线法山和线法墙等十余个建

■复原的圆明园西洋楼

筑和庭园组成.

　　于1747年开始筹划，至1759年基本建成。由西方传教士郎世宁、蒋友仁、王致诚等设计指导，我国的匠师建造完成。

　　建筑形式是欧洲文艺复兴后期"巴洛克"风格，造园形式为"勒诺特"风格。但在造园和建筑装饰方面也吸取了我国不少的传统手法。

　　建筑材料多用汉白玉石，石面精雕细刻，屋顶覆琉璃瓦。西洋楼的主体，其实就是人工喷泉，时称"水法"。

　　特点是数量多、气势大、构思奇特。主要形成谐奇趣、海晏堂和大水法三处大型喷泉群。

　　西洋楼的整个占地面积并不大，只是一个很小的局部而已，但它却是成片建仿欧式园林的一次成功尝试。这在东西方园林交流史上，占有重要地位，曾在欧洲引起强烈反响。

　　一位目睹过它的西欧传教士赞誉西洋楼是集美景佳趣于一处，凡人们所能幻想到的、宏伟而奇特的喷泉应有尽有，其中最大者，可与凡尔赛宫及圣克劳教堂的喷泉并驾齐驱。

　　谐奇趣位于西洋楼的最西部，由主楼、主楼前后喷泉及北边的供水楼组成。谐奇趣由乾隆命名，取西洋喷水和谐有趣之意。楼的左右两侧，从曲廊伸出八角楼厅，是演奏中西音乐的地方。

皇家御苑

非凡胜景的皇家园林

■ 圆明园遗址

十二生肖 我国传统文化的重要部分，源于自然界的十一种动物和一个民族图腾，即鼠、牛、虎、兔、龙、蛇、马、羊、猴、鸡、狗、猪组成，用于记年，顺序排列为子鼠、丑牛、寅虎、卯兔、辰龙、巳蛇、午马、未羊、申猴、酉鸡、戌狗、亥猪。在中华文化圈内被广泛使用。

大水法是西洋楼最壮观的喷泉，它的建筑造型为石龛式，酷似门洞。下边有一大型狮子头喷水，形成七层水帘。前下方为椭圆菊花式喷水池，池中心有一只铜梅花鹿，从鹿角喷水八道。两厢有十只铜狗，从口中喷出水柱，直射鹿身，溅起层层浪花。

大水法左右两侧的前方，各有一座巨大的喷水塔，塔为方形，13层，顶端喷出水柱，塔四周有88根铜管，也都一齐喷水。

当年，皇帝是坐在对面的观水法，观赏这一组喷泉的，英国使臣马戛尔尼、荷兰使臣得胜等，都曾在这里"瞻仰"过水法奇观。

海晏堂是西洋楼最大的宫殿，主建筑正门向西，阶前有大型水池，池左右呈八字形，排引有鼠、牛、虎、兔、龙、蛇、马、羊、猴、鸡、狗、猪12只兽面人身铜像，正是我国的十二属相。

每昼夜依次辍流喷水，每隔一个时辰或是在正午时刻，十二生肖都会一齐喷水，俗称"水力钟"。

生肖铜像身躯为石雕穿着袍服的造型，头部为写实风格造型，铸工精细，兽首上的褶皱和绒毛等细微之处，都清晰逼真。铸造兽首所选用的材料为当时清朝廷精炼的红铜，外表色泽深沉、内蕴精光，历经百年而不锈蚀，堪称一绝。

蓄水楼是意大利传教士郎世宁

时辰 我国古时把一天划分为十二个时辰，每个时辰相等於现在的两小时。相传古人根据我国十二生肖中的动物的出没时间来命名各个时辰。西周时就已使用。汉代命名为夜半、鸡鸣、平旦、日出、食时、隅中、日中、日昳、晡时、日入、黄昏、人定。又用十二地支来表示，以夜半二十三点至一点为子时，一至三点为丑时，三至五点为寅时，依次递推。

■ 圆明园十二生肖兽首

朝廷 在我国古代，被诸侯、王国统领等共同拥戴的最高统领者建立的一种统治机构的总称。在这种政治制度下，统领者一般被称为皇帝。朝廷后来指帝王接见大臣和处理政务的地方，也代指帝王。

甲胄 作为将士的防护性兵器，在冷兵器时代充当着极其重要的角色。可以较大程度地保护将士身体免遭敌方进攻性兵器的重创，进而能够增强战斗力并给敌方以更猛烈的打击。

■圆明园雪景

和法国传教士蒋友仁专为大水法和海晏堂的喷泉供水而修建的。最早修建时为两层，是由沙子、白灰和黄土混合而成的"三合土"修建而成，因而比一般的黄土基座更加坚固。

大水法对面就是观水法，观水法坐南朝北，是清朝皇帝观赏大水法喷泉的地方，观水法正中石台上设宝座，其后是由五件石雕并列而成的大型石屏风，分别刻有夕阳军旗、甲胄、刀剑和枪炮等图案。

围屏东西侧各列汉白玉方塔一座，再向外侧各有一座巴洛克式西洋门，出门向南可拾级登临泽兰堂。

方外观坐落于海晏堂的西侧，只残留下了四根巨型雕花石柱，但仅凭着这几根石柱上的精美雕花，可以想象出当时方外观在东侧的谐奇趣映衬下是何等地精致与小巧。

方外观原为两层西式小楼，是乾隆皇帝特为香妃做礼拜而修建的。屋顶为重檐五殿顶，配以蓝、绿两

北京圆明园大水法

色琉璃瓦，是建筑等级中的最高等级。

一层从券门进入，二层有东西角门，可以从楼外的环形楼梯直接进入。在楼内放置有两通刻有古兰经的碑文，并在墙上刻有阿拉伯文字。据说，当年乾隆皇帝为了缓解香妃的思乡之情，准许她可在后宫身着维吾尔族服装，并下令"方外观"内的所有宫女也身穿维吾尔族服装。

每周香妃在"方外观"做礼拜时，乾隆帝都会在楼外的方亭里静静地等候。

阅读链接

西洋楼还建有万花阵，亦称黄花阵，是仿照欧洲的迷宫而建的花园。用4尺高的字图案的雕花砖墙，分隔成若干道迷阵，因而称作"万花阵"。

虽然从入口到中心亭的直径距离不过30余米，但因为此阵易进难出。

每当中秋之夜，皇帝就会坐在阵中心的圆亭里，太监和宫女们手持黄色彩绸扎成的莲花灯，寻径飞跑，先到者便可领到皇帝的赏物，所以也叫黄花阵或黄花灯。

炫美壮观的后湖景区

曲院风荷殿建成之后不久，乾隆皇帝又策划建造了后湖景区。

碧桐书院南北长120米，东西宽115米，占地约13500万平方米，是用建筑和围墙围成近十个朴素的庭院，院中碧桐矗立，绿荫如盖，如置身清凉境界，是夏日纳凉的好地方。

碧桐书院"前接平桥，环以带水"，前殿三楹，中殿、后殿各五楹。其西南高峰处为"云岑亭"。

复原的圆明园后湖景区

碧桐书院功用为书院，四边围以两座山，与外界隔绝，造成静室读书之意境。

碧桐书院植物以梧桐著名，乾隆在"碧桐书院"御制诗序中说：

■圆明园太湖石

前接平桥，环以带水。庭左右修梧数本，绿荫张盖，如置身清凉国土。每遇雨声疏滴，尤动我诗情。

梧桐广叶青阴，繁花素色，"家有梧桐树，何愁凤不至"，梧桐被看作是韵雅圣洁之树。

碧桐书院四面环山，林木茂密，是一处非常清静的地方。碧桐书院的建筑由错落有致、形态各异的大小院落组成，共三进院落。

正殿檐下悬有"碧桐书院"匾额。殿内还设供皇帝休息的床和炕等，是清帝读书、作画的地方。书院周围种植大量梧桐树，古人认为梧桐可以招来凤凰。

每当皓月当空，月移影动，或霖雨霏霏，疏雨滴梧桐。自成"月转风回翠影翻，雨窗尤不厌清喧"的佳境。秋天更是桐花乱洒，翠叶萋萋，枫叶吐红。

乾隆皇帝在诗中也曾赞美道：

月转风徊翠影翻，雨窗尤不厌清喧。
即声即色无声色，莫问倪家狮子园。

凤凰 简称凤。在远古图腾时代被视为神鸟而予崇拜。用于比喻有圣德之人。它是原始社会人们想象中的保护神，经过形象的逐渐完美演化而来。它头似锦鸡、身如鸳鸯，有大鹏的翅膀、仙鹤的腿、鹦鹉的嘴、孔雀的尾。居百鸟之首，象征美好与和平。也是古代传说中的鸟王，雄的叫凤，雌的叫凰，通称凤。是封建时代吉瑞的象征，也是皇后的代称。

■ 圆明园铜鼎

皇家御苑

非凡胜景的皇家园林

《岳阳楼记》

是一篇专为重修岳阳楼写的记。由北宋文学家范仲淹应好友巴陵郡太守滕子京之请而作。其中的名句"先天下之忧而忧，后天下之乐而乐"、"不以物喜，不以己悲"是引用较多的句子。

诗中提到的倪家，即元代大画家倪云林，倪云林很爱干净，家中种有数株梧桐树，每天都叫书童洗刷干净。乾隆皇帝把自己比作倪云林，意思是向他人说明自己也是一个爱干净的画家。

上下天光是仿《岳阳楼记》中对洞庭湖的描写而建，成功地再现出了"縠纹倒影，晃漾楣槛间，凌空俯瞰，一碧万顷，不啻胸吞云梦"的气势。

上下天光三面环山，南临后湖，有楼台滨湖伸入水中，左六角亭"奇赏"，右六角亭"饮和"，平台东西两端各有九曲平桥。桥上列凉亭，楼后为平安院，一条小路蜿蜒隐现，伸向远方。

后湖面积仅40000平方米，尽管没有"衔远山，吞长江，浩浩荡荡，横无际涯"的洞庭气势。但登上两层楼台，俯瞰后湖开阔的湖面，以及隔湖东、南、西三方临湖景胜，也能"向若而叹"。

朝晖暮霭，万顷烟波，"上下水天一色，水天上下相连"的万千气象，令人神清气爽，心旷神怡。

上下天光的主体建筑叫"涵月楼"，是一座两层敞阁，外檐悬挂有乾隆御笔的"上下天光"匾额。

涵月楼是一组临水建筑，此建筑盖在一座石平台上，前半部伸向水中，建筑东西两边各有一组水亭和水榭，用九曲桥连在一起。楼后东北添建一方形亭式建筑，及一座大值房院。原楼前曲桥、亭榭及楼北平安院值房。

此外，在"涵月楼西夹河"还添建了一组园林建筑，包括敞厅、方亭和曲廊。

这组建筑修建得十分巧妙，站在水榭上如同站在美丽的图画中。到了道光年间，对上下天光做了很大的变动，拆除了原来的曲桥，亭榭和曲廊，整个建筑改为码头，这次改建使原有的意境大为减损。

每到中秋佳节，道光皇帝在此楼侍奉皇太后赏月，祭祀兔儿爷。直到圆明园被毁的时候，上下天光仍在修建，为咸丰皇帝过30岁生日而添搭天棚。

坦坦荡荡紧靠后湖西岸，是圆明园中专设的养鱼区，四周建置馆舍，中间开凿大水池，占地面积约1050平方米。坦坦荡荡仿杭州西湖"花港观鱼"一

榭 我国园林建筑中依水架起的观景平台，平台一部分架在岸上，一部分伸入水中。榭四面敞开，平面形式比较自由，常和廊、台组合在一起。多建于水边或者花畔，借以成景，一般开敞或设窗扇，以供人们游憩和眺望，水榭则主要三面临水。

■ 重建后的圆明园美景

景的意境而建，是皇帝观赏金鱼最佳处，俗称金鱼池。有一次，乾隆皇帝曾在圆明园居住了157天，来金鱼池喂金鱼达72次之多。

坦坦荡荡分南北两大景区，南面是一组中式建筑，中间正殿外檐悬挂乾隆皇帝御笔的"素心堂"匾，是帝后及皇太后来此游玩、休息的地方。素心堂东殿为半亩园，是帝后及皇太后进膳的地方。

在中式建筑的北面就是坦坦荡荡的主要建筑，也是圆明园内最大的观鱼池。大型方整的观鱼池，四周是整齐的石岸，岸上围以汉白玉栏杆。池中央设水榭，列湖石，幽雅别致。

观鱼池平面呈正方形，中间建有一敞榭，外檐悬挂有乾隆御笔的"光风霁月"匾。

光风霁月殿南北有三组鱼池，南面的要大一些，北面两个池子略小一些。西北方的水池中建有一座四方亭，清朝皇帝很喜欢在此亭内观赏金鱼。

整个鱼池中养有各种小大金鱼数千尾，乾隆皇帝非常喜欢此景，每次来圆明园都必到此地，并在此咏诗数首。

金鱼池内建有太湖石围成的鱼窝数个，这种设计十分微妙，每到冬天鱼池水面结冰，但由于鱼窝内很深，温度较高，鱼可以在鱼窝内过冬，这样就免去了秋季捞鱼的麻烦。这种形式的鱼池，在清代皇家园林中是不多见的。

■复建的圆明园拱桥

■复建的圆明园美景

山高水长楼位于圆明园西南的一处空旷之地，占地面积1150平方米，俗称"西园"或"西苑"，整个建筑群呈"卍"字形，由建筑在水中的33间殿宇组成，其寓意是祝福大清天下长治久安，乾隆皇帝亲赐名叫"山高水长"。

这里地势平衍，园围宽敞，是清朝历代皇帝宴请外藩使节及王公大臣观看游艺节目、欣赏火戏烟花和训练圆明园卫戍的地方。

山高水长主体建筑为一座卷棚歇山楼，外檐悬挂乾隆御书的"山高水长"匾额。

山高水长的西面设有供骑射比赛用的马道，清朝皇帝会定期在这里观看八旗比赛，表示任何时候都不要忘记满族的民族特点，不要忘记先祖们是从马背上打下的天下。

这里还是清朝皇帝设武帐宴的地方。武帐宴俗称"大蒙古包宴"，开始于雍正时期，到乾隆时已达全

烟花 又称烟火、焰火，在我国发明较早，主要用于军事上，盛大的典礼或表演中，而近代以来唯一能在同天同活动里施放烟花的活动则为除夕跨的年活动。

八旗 八旗分为正黄旗、正白旗、正红旗、正蓝旗、镶黄旗、镶白旗、镶红旗、镶蓝旗，是清代旗人的社会生活军事组织形式，也是清代的根本制度。各旗当中因族源不同分为八旗满洲、八旗蒙古和八旗汉军。八旗人的后代称八旗子弟，又称旗人。

皇家御苑

非凡胜景的皇家园林

鹿 在古代被视为神物。古人认为，鹿能给人们带来吉祥幸福和长寿。作为美的象征，鹿与艺术有着不解之缘，历代壁画、绘画、雕塑、雕刻中都有鹿。现代的街心广场，庭院小区矗立着群鹿、独鹿、母子鹿、夫妻鹿的雕塑。一些商标、馆驿、店铺扁额也用鹿，是人们向往美好，企盼财运兴旺的心理反映。

盛，每年正月十三前都要举办一次，宴请者主要是蒙古王公和外国的使节等。

到元宵节，山高水长还要举行盛大的"火戏"，也就是放烟火。同时还有善扑营表演撩跤，也就是摔跤，健锐营表演枪技，另外还有回部表演铜绳技，同时还演奏蒙古、朝鲜等民族的乐曲。在山高水长南部，还建有存放武帐宴及放烟火的13所。

山高水长"土墙"诗碑原在圆明园山高水长楼的西北部，碑两侧分别刻有乾隆丁未仲春御笔"土墙"诗和"种松"诗。

诗碑由碑身和碑座两石组成，宽2.27米，通高1.1米，碑身四周有游龙装饰，整通石碑完好，字迹和纹样都很清晰。

鸿慈永祜又称安佑宫，位于圆明园西北隅，是依照景山寿皇殿修建的一组大型皇家祖祠，为园内规格最高的建筑。所有殿宇均覆黄琉璃瓦，用红墙围筑起来。整组建筑气势磅礴，庄严肃穆。

安佑宫坐北朝南，门外立有三门琉璃火焰牌楼一座，牌楼上有乾隆御书的铜镀金字匾"鸿慈永祜"，火焰牌楼东西两边各立有两座高8米的华表。

安佑宫的华表为汉白玉石雕，上面刻着蟠龙云气，甚为精巧，柱围3.16米，通高约8米，下为八方形的须弥座，座高1.24米。

过琉璃火焰牌楼是致孚殿，致孚殿是清朝各帝祭祖更衣的地方。致孚殿北有三座三孔石桥，过石桥后为三座牌楼环抱。

三座牌楼北为一座琉璃券门，券门前东西各置有石麒麟一对。过琉璃券门便到了安佑宫正门安佑门，门外檐上悬挂有乾隆御书的"安佑门"匾额。宫门外东西各建有一座井亭，宫门内还建有焚帛炉。

在安佑门内的东西两侧各建有一座重檐八方亭，亭内矗有乾隆御笔的满、汉双语《安佑宫碑文》，两座碑亭中间便是正殿安佑宫。

安佑宫的四周还围以汉白玉栏杆，殿前设有八座大铜缸、四座铜炉、一对铜鹿和一对铜鹤。

殿内供有康熙、雍正、乾隆、嘉庆和道光五代皇帝的画像，殿内陈设有祭祀用的乐器一套。每年上元、中元、清明、先祖生辰和忌日皇帝都必须来此进行祭拜。

清朝皇帝每次在安佑宫祭祖，都声势浩大，上百名太监和宫女几乎要忙上整整一个月。在安佑宫门前还有一对石麒麟，麒麟高1.74米，另有0.98米高的须弥座。石料坚实，刻工细腻，体态逼真，线条纹样流畅清晰。

后来，乾隆皇帝用七年时间相继完成了圆明园的四十

■复建的圆明园听松亭

圆明园遗址

景，并命沈源和唐岱等人绘制了四十景图，均以四字命名，并为其撰写了图咏，由汪由敦书写。

到1770年，圆明三园的格局基本形成。嘉庆时期，主要对绮春园进行修缮和拓建，使之成为主要园居场所之一。

圆明园集我国几千年优秀造园艺术之大成，把我国古典园林推向一个新的高度。一些西方人，对我国园林刮目相看，也正是从圆明园开始的。总之，圆明园为我们这个文明古国赢得过荣誉，曾经是我们中华民族的骄傲！

1900年，八国联军入侵北京，一代名园圆明园被毁了。

皇家御苑

非凡胜景的皇家园林

阅读链接

圆明园的四十景为：正大光明、勤政亲贤、九洲清晏、镂月开云、天然图画、碧桐书院、慈云普护、上下天光、杏花春馆、坦坦荡荡、茹古涵今、长春仙馆、万方安和、武陵春色、山高水长、月地云居、鸿慈永祜、汇芳书院、日天琳宇、澹泊宁静、映水兰香、水木明瑟、濂溪乐处、多稼如云、鱼跃鸢飞、北远山村、西峰秀色、四宜书屋、方壶胜境、澡身浴德、平湖秋月、蓬岛瑶台、接秀山房、别有洞天、夹镜鸣琴、涵虚朗鉴、廓然大公、坐石临流、曲院风荷和洞天深处，这些都是根据古人的诗情画意而建造的。

颐和园

颐和园是我国规模最大、保存最完整的一座皇家园林，和我国的承德避暑山庄、苏州拙政园和苏州留园并称为中国四大名园。

颐和园位于北京市海淀区，占地约290万平方米，原是清朝帝王的行宫和花园，前身叫清漪园，1860年慈禧太后以筹措海军经费的名义动用银两重建，改称颐和园，作为消夏的游乐地。

颐和园利用昆明湖、万寿山为基址，以杭州西湖风景为蓝本，汲取江南园林的某些设计手法和意境而建成的一座大型天然山水园，被誉为皇家园林博物馆。

乾隆为表孝心兴建清漪园

在北京的西北郊，原有一座山，为燕山的余脉，山下有一湖，称为七里泺、大泊湖或西湖。泉水丰沛，湖泊罗布，远山近水彼此烘托映衬，形成有如江南的优美自然景观，为华北地区所不多见。

■颐和园铜狮

■ 颐和园牌楼

1153年，金主海陵王完颜亮在此设置金山行宫。

元朝定都北京之后，为了接济漕运用水的需要，水利学家郭守敬开辟上游水源，引昌平白浮村神山泉水及沿途流水注入湖中，使水势增大，成为保障宫廷用水和接济漕运的蓄水库。

据说元世祖忽必烈的正宫皇后翁娘娘，是个很有学问的人，她辅佐忽必烈治理天下，满朝文武和三宫六院没有一个不佩服她的。

可是有一天，这位皇后忽然得了重病，什么办法都用过了，就是没有丁点效果。

在临死前，翁娘娘对忽必烈说："臣妾死后，只有一个要求，望陛下把我埋在丹棱北边的那个小山包上。"

忽必烈问："为什么偏偏要埋葬在那么荒凉的地方呢？"

翁娘娘说："日后有天子给我看坟。"

郭守敬（1231年—1316年），字若思。生于元朝顺德邢台，即今河北邢台。元朝的天文学家、数学家、水利专家和仪器制造专家。郭守敬修订的新历法《授时历》，是当时世界上最先进精良的历法，通行360多年。

说完这句话没多大工夫，翁娘娘就闭眼离世了。忽必烈按照她的意思，把她葬在了那个小山包上。从此，那个小山被叫作瓮山，山下的湖也叫作瓮山湖了。但是翁娘娘到底是葬在瓮山的哪块儿，就不知道了。因为在埋葬的时候，地面上并没有留下任何蛛丝马迹，这为的是防备有人掘坟盗墓。

1494年，明孝宗朱祐樘的乳母助圣夫人罗氏在瓮山前建圆静寺，据明人的描写圆静寺道：

　　因岩而构，甃为石磴。游者拾级而上，山顶有屋曰雪洞，俯视湖曲，平田远村，绵亘无际。

　　寺门度石桥，大道通湖堤，门内半里

■ 颐和园西堤镜桥

许，从左小径登台，精兰十余。室之西，殿三楹，左右精舍一间，据山面湖。

看来，圆静寺选址恰当，颇能因地制宜，尤其是在建成之后，瓮山的面貌有所改善，文人墨客经常来这里游览，留下了大量的诗文吟咏。此后，瓮山周围的园林逐渐增多起来。到了明武宗朱厚照时期，在湖滨修建行宫，称为"好山园"，为皇室的园林，并将"瓮山"之名改为"金山"，瓮山泊改名为"金海"。明武宗朱厚照和明神宗朱翊钧，都喜欢在这里泛舟游乐。

清代初期，瓮山成为宫廷养马的草料场，常有获罪的太监被发配到这里铡草。

乾隆初年，北京西郊的海淀一带园林增多，大量的园林用水使得

■ 颐和园铜龙

京城的耗水量与日俱增，当时的园林用水除了流量较小的万泉河水系之外，大多来自从玉泉山流入西湖的水，而这也是明代以来通惠河的水源，如果大量截流玉泉山水，将威胁到北京至通州一段的通惠河水位，直接影响到漕运。

1750年，乾隆皇帝为了筹备崇德皇太后也就是孝圣宪皇后的60大寿，以治理京西水系为借口下令拓挖西湖，拦截西山、玉泉山、寿安山的来水，并在西湖西边开挖高水湖和养水湖，以此三湖作为蓄水库，保证宫廷园林的用水，并为周围农田提供灌溉用水。

乾隆帝以汉武帝挖昆明池操练水军的典故将西湖更名为昆明湖，并将挖湖的土方堆筑在湖北的瓮山，将瓮山改名为万寿山，并开始建造清漪园。除此之外，乾隆不仅命人拓展湖面，还特意把昆明湖挖成寿桃形，寓意向其母献寿。

同年，乾隆皇帝下发诏令修建了东宫门、勤政殿、大报恩延寿寺和乐寿堂等建筑，并陆陆续续修建了各具特色的阁楼、凉亭和石桥等。

东宫门是当时乾隆皇帝从事政治活动和生活起居的地方，它坐西朝东，门楣檐下全部用油彩描绘着绚丽的图案。六扇朱红色大门上嵌着整齐的黄色门钉，中间檐下挂着九龙金字大匾，上书"颐和园"三个大字，是后来的光绪皇帝御笔亲题的。

　　门前御道丹陛上的云龙石雕刻着二龙戏珠，为乾隆年代所刻，是皇帝尊严的象征。在清朝，东宫门只供帝后的出入。

　　在东宫门内，乾隆皇帝修建了勤政殿，意在告诫自己要勤理政事，不忘政务。勤政殿坐西向东，面阔七间，两侧有南北配殿，前有大门，门外有南北九卿房。殿内有蹲坐在石须弥座上的一只铜铸异兽，这只异兽为龙头、狮尾、鹿角、牛蹄、遍体鳞甲，造型离奇怪异，据说是传说中的瑞兽麒麟。

　　铜龙、铜凤排列于勤政殿前，均空腹，是帝后举办朝会时点燃檀香用的。当腹内燃起檀香时，香烟即从龙凤口中袅袅冒出。

　　我国古代历来都以龙象征皇帝，凤象征皇后，习惯设置是龙居中间，凤靠边侧。但是后来慈禧掌权之后，便将龙凤位置颠倒，形成了"凤在上，龙在下"的特殊现象。后来"勤政殿"改为了"仁寿殿"，即施仁政者能长寿的意思。

　　峰虚五老是摆放在勤政殿前的五块高约四米的太湖石，院四

■颐和园寿星石

蝙蝠 不是鸟，也不是鼠，而是一种能够飞翔的哺乳动物，属动物学中的翼手目。在我国传统的装饰艺术中，蝙蝠的形象被当作幸福的象征，习俗运用"蝠"、"福"字的谐音，并将蝙蝠的飞临，结合成"进福"的寓意，希望幸福会像蝙蝠那样自天而降，以此来组吉祥图案。

周各一块色暗孔奇之石，象征着一年四季。五块湖石象征庐山胜景五老峰，寓意长寿，所以称为"峰虚五老"。石头上刻有乾隆皇帝在甲子夏日所作的诗词一首，道：

> 林瑟瑟，水冷冷。溪风群籁，山鸟一声鸣。斯时斯景谁图得，非色非空吟不成。

为了突出孝圣宪皇后60大寿的主题，乾隆皇帝还特意强调在勤政殿室内装饰上突出一个"寿"字，在南北暖阁的山墙上，分别挂有一个巨大的条幅，上面是百只蝙蝠捧着一个"寿"字，寓意"百福捧寿"。

在殿中宝座后边的屏风上，一共雕有200多个寿字，用不同写法精雕而成，把一个寿字书写得穷工尽趣。勤政殿四周房檐的滴水瓦上也刻上了寿字图案，两侧各78个，前后各128个，共计412个寿字。

■ 颐和园玉澜堂

■ 颐和园玉澜堂西
配殿藕香榭

玉澜堂其意为湖光潋滟之堂，始建于1750年，玉澜堂紧靠昆明湖，是一座三合院式的建筑，正殿玉澜堂坐北朝南，东配殿霞芬室，西配殿藕香榭。

三个殿堂原先均有后门，东殿可以直达勤政殿，是当时乾隆皇帝的书堂。

殿内明间正中设地平和宝座，宝座后为五屏照背。地上设有盖火盆，落地罩内面南安楠柏木包厢床，两边安冠架和书桌。桌上放置瓶、盒、砚、匣等物，匣内盛水盛、笔山、册页、墨床、墨等。

东西靠墙安设几案，上置樽、钟、鼎、铎、书籍等物。墙上贴有字画，后抱厦面南安楠柏木包厢床，床上左边设香几，上置册页、石盒、插屏。右边设书桌，上置册页、手卷等物。床两边安放樽、炉、奁、镜等物。

靠南墙安放几案，案两边设书格，案上、格内皆

几案 长桌子，也泛指桌子。人们常把几和案并称，是因为二者在形式和用途上难以划出截然不同的界限，"几"是古代人们坐时依凭的家具，"案"是人们进食、读书写字时使用的家具，其形式早已具备，而几案的名称则是后来才有的。

■ 颐和园宜芸门

香几 是古代承放香炉用的家具，因置香炉而得名，一般家具多作方形或长方形，香几则大多为圆形，较高，而且腿足弯曲较夸张，且多三弯脚，足下有"托泥"。香几不论在室内或室外，多居中设置，无依无傍，宜人观赏。香几在清代以前十分流行，焚香本是我国古人祭祀仪式之一，到唐宋，已演变成人们日常生活中的一部分。

陈放书籍。东间面西安楠柏木包厢床，床左边安放香几，放置书籍。

右边安放书桌，放置书籍和盛放玉版的盖匣。地上设有盖火盆，明柱前安放高足香几。曲尺影壁四面贴有山水画，极为珍贵。

东暖阁是早膳室，西暖为寝宫，后檐及两配殿均为砌砖墙，与外界隔绝。

据记载，玉澜堂内摆放的陈设只有105件，主要以家具为主，有金漆宝座、茶几、多宝格、杌凳，硬木藤心床、硬木藤底罗汉床，硬木雕龙柜橱、雕龙顶竖柜、雕龙福寿椅月牙桌、厢嵌挂屏、五彩百鹿大瓷樽等。

总体而言，玉澜堂的陈设品种中和了两个历史时期的特点，保留着早期的"书堂"和晚期的"寝宫"特色。

殿内正中地平床上的宝座、御案、掌扇，特别是用紫檀木和沉香木镶嵌、拼贴、雕造而成的宝座、御案、香几等，造型挺秀、花纹细腻，是当时家具中的精品。

在玉澜堂北侧为宜芸馆，意为宜于藏书和读书的地方。宜芸馆正殿由前五间和后三间组成，前后有门，室内宽敞，有精美的落地雕花隔扇，布局典雅富丽。东西配殿各有五间，也都有前后门，院内的南墙上，镶有乾隆摹写的"三希堂"书法石刻。

乐寿堂也是乾隆皇帝为了孝敬他的母亲而下旨特建的。乐寿堂原为两层建筑，后来重建之后，成为西太后慈禧的寝宫。

乐寿堂庭院内陈列着铜鹿、铜鹤和铜花瓶，取意为"六合太平"。院内所植的花卉有玉兰、海棠、牡丹等，名花满院，寓"玉堂富贵"之意。

这里的玉兰花很有名，邀月门前的一棵相传是乾隆皇帝下诏从南方移植过来的。

乐寿堂仿长春园淳化轩的规制，在南北庭院的东

隔扇 也称格扇、长窗，是用木做成的柱与柱之间的隔断窗，周围有框架，中间划分为花心、绦环板、裙板等五道，可透光通气。根据建筑物开间的尺寸不同，每间可安装四扇、六扇或八扇隔扇。

■北京颐和园乐寿堂

■ 北京颐和园夕佳楼

陶渊明（约365年—427年），字元亮，号五柳先生，私谥靖节，东晋末期南朝宋初期诗人、文学家、辞赋家、散文家。东晋浔阳柴桑人，曾做过几年小官，后辞官回家，从此隐居，田园生活是陶渊明诗的主要题材，相关作品有《饮酒》、《归园田居》、《桃花源记》、《五柳先生传》和《归去来兮辞》等。

西廊壁上嵌有敬胜斋帖的石刻，为乾隆皇帝退位之后的寝宫，并御题有"座右图书娱画景"的联句，所以乐寿堂也被称为宁寿宫读书堂。

乐寿堂按照故宫乐寿堂的原状陈列，乐寿堂面阔七间，进深三间，为单檐歇山顶，上覆有黄色的琉璃瓦，自地面至正脊高18米，柱网结构为减柱造，上方没有承重的梁枋构架。

乐寿堂明间前后檐为五抹步步锦槅扇四扇，余各间均为槛窗，槛窗分为三层，下为玻璃窗，上面二层步步锦支窗，室内明、次间以东西向阁道分隔成南北两厅，中间一厅为起居室，西套间为寝宫，东套间为更衣室。

起居室内，用名贵木材紫檀雕制的相当精致的"御案宝座"，设置在室内中间，在其后有玻璃屏风，将室内照得格外宽敞。

玻璃屏风的两侧还插列有孔雀羽毛掌扇，这对羽毛掌扇，不仅相当精致，而且能点缀出西太后慈禧的威仪。

在御案宝座的两端，还有盛果子用的一对青花大果盘，每一盘能堆放四五百只各色水果。这是专供闻"味儿"的。

在起居室的四角，还配置有四只镀金九桃大铜炉，专供点燃檀香调节室内空气的。在中间还有两张八仙鱼桌，制作得相当讲究，桌面为两层玻璃结构。其下，为方形鱼槽，可放养金鱼。美丽的金鱼穿游在亭台楼阁之间，美如图画。

夕佳楼是一座二层小楼，建在昆明湖的东岸。南有玉澜堂，北有宜芸馆，是帝后们夏天纳凉和观景的最佳处所。夕佳楼根据东晋时期著名的诗人陶渊明饮酒诗中的"山气日夕佳，飞鸟相与还"的诗句演化而来。

登上夕佳楼的楼台，视野顿时开阔，远处的西山群峰，玉峰宝塔，近处的万寿山楼阁以及浩渺的湖面，尽收眼底，好不惬意。

阅读链接

在瓮山的半山腰里，有一座财神庙，庙里供奉的是财神爷赵公元帅，每年农历四月十五这天都会显灵，周济一户穷人。一些财主和大官们听说之后，一到四月十五这天，就开始穿上破衣烂衫，假装穷人，想让赵公元帅度化他。

王有财就是其中的一个，财神爷知道后，就想教训这个贪财的人。于是，财神爷托梦告诉王有财：同村的大老李家的屋子下面埋有一个小瓮，里面盛满了金光闪闪的金豆子。

王有财醒后，抢占了大老李家的房子。可是当他挖出那个小瓮的时候，并没有发现金豆子，反而窜出了几条毒蛇，将他咬死了。后来，大老李又搬回来，在重新盖房时挖出了一个鬼脸青的小瓮，里面盛满了金豆子。

因为这一瓮金豆，是从山坡上松树底下挖出来的，这座山后来就叫作"瓮山"了。

翁娘娘天子看坟预言得应验

　　话说，正当清漪园的建造工程进行得轰轰烈烈的时候，在万寿山前的中央部位的山腰处，工匠们在挖地基的时候，忽然发现下边有一个大地穴，都是用1米见方的大石块砌成的，还有一个大石门，关得很紧实。

　　监工的太监把这事立马禀告了乾隆皇帝，乾隆一听马上就想起了

颐和园风光

■ 颐和园冬景

关于翁娘娘坟的记载，心想："这准是瓮娘娘的坟，要能把这坟挖开，说不定里头尽是奇珍异宝呢！"

于是，乾隆就亲自跑去看了，命令工匠们悄悄地把门撬开，可那门实在是太严实了，工匠们费了九牛二虎之力，才撬开了门前的一块挡门石。可是翻过来一看，所有的人都惊呆了，上面写着几个楷体大字：你不动我我不动你。

乾隆一看，吓得脸色惨白，差点背过气去，慌忙命令工匠把石头重新砌好，并下令在瓮娘娘坟的上边，修建了佛香阁，把坟给压住了。

这一来，瓮娘娘的坟没人敢动了，乾隆认为自己的江山也就牢靠了。果真应了瓮娘娘："日后有天子给我看坟"那句话。

其实，瓮娘娘只是见丹棱北边的这块地方风景好，知道日后准被皇家看上，并会在这儿修行宫，所

楷体 又称正楷、楷书、正书或楷体，是汉字书法中常见的一种手写字体风格。其字形较为正方形，不像隶书写成扁形，是汉字手写体的参考标准。楷体是我国古代封建社会中最为流行的一种书体，同时在摩崖石刻中也较为常见。

以她才说"日后有天子给我看坟"。

至于石板上的字，那是为了防人掘坟盗墓，为了吓唬**盗**墓人而刻的。谁知正好碰上了乾隆，乾隆还十分注**重**风水，好迷信，所以就被唬住了，还特意建造了佛香阁。

佛香阁是清漪园的主体建筑，建筑在万寿山前山高21米的方形台基上，南对昆明湖，背靠智慧海，以它为中心的各建筑群严整而对称地向两翼展开，形成众星捧月之势，气势相当宏伟。

佛香阁高41米，是一座八面三层四重檐的建筑，阁内有8根巨大的铁梨木擎天柱，结构相当复杂，是我国**古典**建筑中的精品。每逢初一十五，皇室都会在这里**烧**香礼佛，烟雾缭绕。阁内供奉明代铜胎千手观音佛像一尊，十分珍贵。

佛香阁往上是清漪园的制高建筑"智慧海"，智慧海一词原为佛教用语，本意是赞扬佛的智慧如

■ 颐和园佛香阁

风水 本为相地之术。相传风水的创始人是九天玄女，比较完善的风水学问起源于战国时代。风水的核心思想是人与大自然的和谐，早期的风水主要关乎宫殿、住宅、村落、墓地的选址、坐向、建设等，是选择合适的地方的一门学问。

海，佛法无边。智慧海是万寿山顶最高处的一座宗教建筑，是一座完全由砖石砌成的无梁佛殿，由纵横相间的拱券结构组成。智慧的海建筑外层全部用精美的黄、绿两色琉璃瓦装饰，上部用少量的紫色和蓝色琉璃瓦盖顶，整座建筑显得色彩鲜艳，富丽堂皇，尤其是嵌在殿外壁面的千余尊琉璃佛更富特色。

■ 北京颐和园智慧海

智慧海建筑在外形上看来虽然极像木结构，但实际上却没有一根木料，全部用石砖发券砌而成，没有枋檩承重，所以也称为"无梁殿"。又因殿内供奉了无量寿佛，所以也称智慧海为"无量殿"。

智慧海建成之后，在万寿山前建筑的中心部位建造了大报恩延寿寺，同时也是乾隆为他母亲60岁寿辰而建的，后来慈禧在重建时在原先大雄宝殿的基础上建成了排云殿，成为慈禧在园内居住和过生日时接受朝拜的地方。

排云殿中的"排云"两字，取自东晋著名学者郭璞的诗句"神仙排云山，但见金银台"，比喻似在云雾缭绕的仙山琼阁中，神仙即将露面。

排云殿建在一座高台上，为歇山重檐式，前后由21间房屋组成。殿内有宝座、围屏、鼎炉、宫扇等，

围屏 可以折叠的屏风。一般有四、六、八、十二片单扇配置连成。因无屏座，放置时分折曲成锯齿形，故别名"折屏"。围屏屏扇屏芯装饰方法一般有素纸装、绢绫装和实芯装，又有书法、绘画、雕填、镶嵌等表现形式。

礼制 我国历史悠久，拥有5000年文明，号称礼仪之邦。礼法是礼制与法律相结合的概念，融入哲学家的思想，法学家的智慧和政治家的实践。礼制是德治梦想的具体化，通过礼仪定式与礼制规范塑造人们的行为与思想，通过法律的惩罚维护礼法的权威。

平台下对称排列着供防火盛水用的四口大铜缸，俗称"门海"。

排云殿四周有游廊和配殿，前院有水池或汉白玉砌成的金水桥。殿角重重叠叠，琉璃五彩缤纷。从远处望去，排云殿与牌楼、排云门、金水桥、二宫门连成了层层升高的一条直线。

排云殿这组建筑，是清漪园最为壮观的建筑群体，也是清漪园南北中轴线上最重要的核心景观建筑组群。

排云殿建筑群排云殿建筑群始于昆明湖边的"云辉玉宇"牌楼，以排云殿为中心，由排云门、玉华殿、云锦殿、二宫门、芳辉殿、紫霄殿、排云殿、德辉殿及连通各座殿堂的游廊、配房组成，南北贯穿于一条中轴线，层层上升，气势宏伟。

云辉玉宇牌楼紧邻昆明湖，是万寿山前山中央建

■ 颐和园排云殿

■ 颐和园佛香阁

筑群主轴线的起点。建筑为四柱七楼，顶覆黄色琉璃瓦，绘金龙和玺彩画，等级极其高贵。云辉玉宇牌楼表示这里的宫殿是彩云与华丽建筑相辉映的世界。

牌楼的南面匾额上写着"星拱瑶枢"，意在告诉人们这里是"众星拱卫的神仙之地"。

在排云门前，除了立有两只造型生动、铸造精美的铜狮之外，还有两侧各摆放了六块不同形态的太湖石，寓意十二生肖。

牌楼上的南北匾额表达了对统治者的赞美与颂誉，也暗含了君臣尊卑的封建礼制秩序。

玉华殿是大报恩延寿寺的钟楼，重建后成为排云殿第一进院落的东配殿。大殿面阔五间，单檐正脊歇山顶，是后来的慈禧皇太后举行万寿庆典时皇上临时休息的地方，殿内陈列的文物多为当年王公大臣们进献慈禧的寿礼，有寿联、寿幛、寿屏等。

云锦殿是大报恩延寿寺的鼓楼，重建后成为排云

寿屏 一种祝寿用的书画条幅，上面题以吉语贺词或寿星老人、寿桃、八仙人画之类。一般为四条幅、六条幅或八条幅联列成组，挂于壁上。也有为雕刻镶嵌的祝寿用座屏或插屏，陈列于几案上的。

殿第一进院落的西配殿。大殿面阔五间，单檐正脊歇山顶，曾是慈禧皇太后举行万寿庆典时二品以上王公大臣临时休息的地方，殿内陈列的文物多为当年王公大臣们进献慈禧的寿礼。

二宫门是排云殿建筑群第二进院落的宫门，面阔三间，卷棚歇山顶。宫门房檐下悬有"万寿无疆"的黑漆金字匾，是慈禧皇太后在万寿庆典中宣读贺寿表文的地方。

芳辉殿是大报恩延寿寺的妙觉殿，为排云殿第二进院落的东配殿。大殿面阔五间，单檐正脊歇山顶。"芳辉"二字寓意祥瑞升平，殿内陈列着王公大臣进献慈禧的部分寿礼。

紫霄殿是大报恩延寿寺得到真如殿，重建后为排云殿第二进院落的西配殿。大殿面阔五间，单檐正脊歇山顶。"紫霄"二字寓意祥瑞升平，殿内陈列着王公大臣进献慈禧的部分寿礼。

德辉殿是大报恩延寿寺多宝殿，大殿面阔五间，单檐正脊歇山顶，前出廊，两翼有爬山廊与排云殿相连，是帝后到佛香阁礼佛时更衣休息的场所。

■颐和园转轮藏建筑群

转轮藏建筑群也是在当时建造的，是清朝帝后贮藏经书、佛像和念经祈祷的地方，样式仿杭州法云寺藏经阁，由正殿、两座安放轮藏的彩亭和万寿山昆明湖碑组成，后遭英法联军洗劫。

五方阁布局象征着佛教密宗的"曼荼罗"，意喻"万德圆满"，众神聚集。"五方"表示聚五方之色，寓意天下归心，四海升平。

阅读链接

相传佛香阁是为了镇住翁娘娘不冥的鬼魂而建的，但是佛香阁在遭洗劫之后，里面的佛像一直是空的。当时有人提议，北京城里鼓楼西边有一个庙，里面有尊佛像的体积、体量及规格，和佛香阁里面的很相像，能不能找到搁到佛香阁里面。

很快，人们就找到了这尊佛像，但是并不完整，残缺了一块，在佛像的脑袋顶上少一个盖子，看上去感觉很别扭。

突然有人提出，有人在颐和园昆明湖中游泳时，捞起过半个佛头。人们把它放在佛像上，严丝合缝。一个是从城中庙里找来的佛像，一个是昆明湖中捞起的佛头，为什么会合到了一起呢？这个谜一直都没能解开。

清漪园建筑的豪华壮美

排云殿建成之后，工匠们又在排云殿两边依山势对称布置了许多建筑。如前山的半山坡上有一巨石，上刻有四个大字"燕台巨观"，巨石下有一组建筑，名为"画中游"。

画中游的亭台楼阁别具一格，各建筑物之间以爬山廊连接，利用

■颐和园复原模型

山形地势的高低，筑有不同高度的平台，而且建筑的不同形体相互搭配，构图丰富。登阁眺望湖光山色，犹如置身画中。

相传这画中游是乾隆皇帝亲自设计的，据说当初乾隆三下江南，回到北京后便想仿照江南的景致来建造清漪园。

于是，他先找来了工匠制作模型，可模型完成后他总觉得前山半坡留着块空地不合适，找人设计了多种图样，还是不满意。

■颐和园画中游

乾隆日思夜想，后于梦中见一白须老者带两使女前来，使女手中各持一画轴，打开后是两幅画着楼台亭阁的图画，美妙绝伦。老者邀乾隆去画中一游，乾隆兴致勃勃，边游边吟：

　　　　金山竹影几千秋，云锁高飞水自流。
　　　　万里长江飘玉带，一轮明月滚金球。
　　　　远至湖北三千里，近到江南十六州。
　　　　美景一时观不尽，天缘有份画中游。

梦醒后，乾隆就按照梦境中的亭台楼阁画了下来，命内务府制成烫样，这就是画中游。画中游是万寿山西部一组重要建筑。它依山而建，正面有一座两层楼阁，左右各有一楼，名为"爱山"和"借秋"。

画轴 装裱材料。亦称"轴头"。中国画装裱坠底装饰之用。古代画轴常用檀香木。檀香能辟湿气，且开闸有香气，又能辟蠹。有用玉作轴头的，以古檀为轴身，因其身重，可取两片刳中空，再合柄为轴，这样轻不损画。牛角为轴易引虫，且开卷多有湿气。更不宜用金作轴头，既俗气且易招盗。总之，画轴宜轻，轴重损画。

阁后立有一座石牌坊，牌坊后边的是"澄晖阁"。建筑之间有爬山廊。由于地处半山腰，建筑形式丰富多彩，楼、阁、廊分别建在不同的等高线上，青山翠柏中簇拥着一组由红、黄、蓝、绿琉璃瓦覆盖着的建筑群体，酷似一幅山水画。

横亘于昆明湖岸和万寿山前的为长廊，长廊东起邀月门，西至石丈亭，是乾隆皇帝为了让母亲游园不受雨雪日晒之苦，又能饱览昆明湖的雨景雪景而特意建造的。

长廊全长728米，共273间，以其精美的建筑、曲折多变和极丰富的彩画而负盛名，是我国古典园林中最长的游廊。

长廊彩绘属于"苏式彩画"，是我国木结构建筑上的装饰艺术。

■ 颐和园长廊起点邀月门

它的特点是在大半圆的括线内没有固定的结构，全凭画工发挥，同一题材可创作出不尽相同的画面。

长廊彩画题材广泛，山林、花鸟、景物、人物均有入画。而其中最引人入胜的当数人物故事画，一共2000多幅画，没有哪两幅是相同的。后来，长廊还以建筑形式独特、绘画丰富多彩，被评为普天下最长的画廊。

长廊中间建有留佳、寄澜、秋水、清遥四座八角重檐的亭子，依山临水，以排云殿为中心，向东西两边对称地展开，将分布在万寿山前的建筑连成一气。

■ 颐和园长廊

长廊东西两边南向各有伸向湖岸的一段短廊，衔接着对鸥舫和鱼藻轩两座临水建筑。西部北面又有一段短廊，接着一座八面三层建筑，山色湖光共一楼。长廊沿途穿花透树，美不胜收。

长廊的听鹂馆原是乾隆为其母看戏所建，内有两层的戏台，因古人常借黄鹂鸟的叫声比喻音乐的优美动听，故名之为"听鹂馆"。

1860年，听鹂馆遭毁，光绪时改建。在德和园大戏楼建成之前，慈禧太后也经常在这里看戏，宴饮。

长廊景区的对鸥舫是一座面阔三间的歇山建筑，

戏楼 又叫戏台，是供演戏使用的建筑。我国传统戏曲的演出场地，种类繁多，在不同的历史时期，有不同的样式、特点和建造规模。最原始的演出场所是广场、厅堂、露台，进而有庙宇乐楼、瓦市勾栏、宅第舞台、酒楼茶楼、戏园以及众多的流动戏台。

皇家御苑

非凡胜景的皇家园林

在长廊西端的湖边，是一条大石船，取名为清晏舫，寓"海清河晏"之意。

石舫是清漪园唯一带有西洋风格的建筑。它的前身是明朝圆静寺的放生台。乾隆在修间清漪园时，改台为船，更名为"石舫"，"舫"的形象与舟相类似，筑于水滨，为园林中最富情趣的建筑物。

在我国的园林里面，有水就有舟。因为舟是石头做的，所以不用担心会像木船一样顺水漂走，不用缆绳去系着。

因此，这些石舫往往有一个"不系舟"的题字。古诗中说"野渡无人舟自横"，是我国文化最妙的绝句之一。

在园林里面建石舫不仅仅是为了证明水是活的，是可以坐舟来游的，而为的是在"舟自横"中，突出"野渡无人"的境界来。

■ 颐和园石舫

■ 颐和园文昌阁

船体乃用巨石雕成，全长36米。船上二层为白色木结构楼房，都是用油漆装饰成的大理石纹样，船底为花砖铺地，窗户为彩色玻璃，顶部有砖雕装饰，精巧华丽。

下雨时，落在船顶的雨水通过四角的空心柱子，由船身的四个龙头口排入湖中，设计十分巧妙，是清漪园内著名的水上建筑珍品。

文昌阁原本是一座城关，在建造清漪园的时候，被改造为清漪园的园门之一。文昌阁主阁两层，内供铜铸的文昌帝君和仙童、铜骡。

文昌阁与昆明湖西供武圣的宿云檐象征"文武辅弼"。城头四隅角廊的平面呈"人"字形，中间为三层楼阁。中层供奉文昌帝君铜铸像及仙童塑像，旁有铜骡一个，极富特色。

四大部州在万寿山后山中部，是汉藏式的建筑

文昌帝君 为民间和道教尊奉的掌管士人功名禄位之神。文昌本星名，也称文曲星，古时认为是主持文运功名的星宿。其成为民间和道教所信奉的文昌帝君，与梓潼神张亚子有关。374年，蜀人张育自称蜀王，起义抗击前秦苻坚，英勇战死，人们在梓潼郡七曲山为之建张育祠，并尊奉他为雷泽龙神。

■ 颐和园四大部州

相轮 塔刹的主要部分。从上到下依次是宝珠、龙车、水烟、九轮、受花、伏钵和露盘。贯通中间的棒叫作"擦",也称为刹管。宝珠是最重要的部分,装有佛舍利。龙车的意思是高贵者的乘坐。水烟意味着避免火灾。九轮也称为宝轮,代表五智如来和四菩萨。受花是用于装饰的基台。露盘是伏钵的土台。

群。占地20000平方米,因山顺势,就地起阁。前有须弥灵境,两侧有3米高的经幢,后有寺庙群主体建筑香岩宗印之阁。

四大部州四周是象征佛教世界的四大部洲,即东胜神洲、西牛货洲、南赡部洲、北俱卢洲和用不同形式的塔台修建成的八小部洲。

南、西南、东北、西北还有代表佛经"四智"的红、白、黑、绿四座藏式佛塔。塔上有13层环状"相轮",表示佛经"十三天"。塔形别致,造型端庄。

四大部洲和八小部洲中间还有两个凹凸不平的台殿,一个代表月台,一个代表日台,象征着日月环绕佛身。

惠山园在万寿山东麓,是一个独立的成区,具有南方园林风格的园中之园的特色,是仿无锡惠山的寄畅园而建的。

1811年重新修葺之后，嘉庆皇帝取"以物外之静趣，谐寸田之中和"和乾隆皇帝的诗句"一亭一径，足谐奇趣"的意思，改名为"谐趣园"。

地仅数亩的谐趣园，趣味究竟在何处？

一是声趣。谐趣园内有一池荷花，亭亭玉立，园内有一丛绿竹，竹荫深处，有山泉分成数股注入荷池。这道山泉的水源，来自昆明湖后湖东端，谐趣园取如此低洼的地势，主要就是为了形成这道山泉，使谐趣园的水面与后湖的水面形成一两米的落差。

而在一两米的落差中，又运用山石的堆叠，分成几个层次，使川流不息的水声高低扬抑，犹如琴韵。

难怪横卧在泉边的一块巨石上镌有"玉琴峡"三个大字。有此一景，使这座园中之园有声有色，可谓谐趣园的"声趣"。

二是楼趣。在玉琴峡西侧有一座瞩新楼，这座楼

嘉庆皇帝（1760年—1820年），原名永琰，清朝第五位皇帝，乾隆帝第十五子。年号嘉庆，他独掌大权后惩治贪官和珅，肃清吏治在位期间是世界工业革命兴起的时期，也是清朝由盛转衰的时期。庙号仁宗，谥号受天兴运敷化绥猷崇文经武光裕孝恭勤俭端敏英哲睿皇帝，葬于清西陵之昌陵。

■颐和园谐趣园

从园内侧看是两层楼，若从外侧看，却是一层。

　　原来，谐趣园宫门前是那条下坡路的最低点，继续往前，又逐步升高，可以直接步入瞩新楼的上层，这种似楼非楼的设计，可谓"楼趣"。

　　三是桥趣。谐趣园中有桥五座，其中以知鱼桥最为著名。接近水面，便于观鱼，所以取名为知鱼桥。知鱼桥是引用了战国时代庄子和惠子在"秋水濠上"的一次有关知鱼不知乐的富有哲理的辩论游戏。这是园中的"桥趣"。

　　苏州街是乾隆皇帝命人仿江南水乡而建的，是专供清代帝后逛市游览的一条水街，被焚毁之后，于1990年在遗址上复建，是我国古代宫市的唯一孤本。

　　苏州街位于苏州河中段，街全长300余米，一水两街，沿岸作市，共设各式铺面64座，牌楼14座，小桥八座。两边茶馆、酒楼、钱庄、药店、当铺、绸

皇家御苑

非凡胜景的皇家园林

■颐和园荇桥

布店、印书局等应有尽有，多姿多彩。

在当时，岸上有各式店铺，如玉器古玩店、绸缎店、点心铺、茶楼、金银首饰楼等，这里的店员、伙计均由太监、宫女装扮。每当皇帝、皇后和妃嫔们来此游玩、购物之时，便煞有其事地做起火热的"买卖"来。

兴建起如此秀丽的江南式水镇市街，犹如荟萃娱乐、美食、商贸于一体的民间庙会，这不仅反映出别有风韵的清宫生活，还能反映出我国繁盛的传统商业文化。

此外，清漪园里还有很多建筑，看到这些规模宏大，数量众多，豪华壮美的古迹名胜，人们在惊叹美的同时，也能够深深感受到古代劳动者的创造精神。

圆明园知鱼桥

皇家博物馆

颐和园

阅读链接

乾隆修造清漪园时，原准备建一座九层宝塔，当建到第八层时，乾隆一道圣旨，把已建好的八层拆掉，重新建造了一座八方阁，即佛香阁。

对于乾隆拆塔建阁之事，历来众说不一。一种认为：乾隆建延寿塔，名义上为母后做寿，实则为把三山五园连成一体，想使延寿塔成为携东西皇家园林的主体建筑。但建到第八层时发现和原来想象不符，故拆塔建阁。

另一种认为，京西一带，历来塔多，为避免塔影重叠，乾隆才下决心拆塔建阁。实际上，建阁确实收到了比较好的效果。阁高而有气势，大而稳重，与前山建筑融洽得体。

祖师显灵帮助建造清漪园

相传，在清漪园建造的过程中，乾隆皇帝经常亲自前来巡视督工。有一天，乾隆皇帝站在佛香阁上瞭望四周的美景，但是看着山下的昆明湖，总觉得太空旷。于是下令在湖中建造了南湖岛，并用桥将南湖岛于东岸相连接。

■昆明湖景色

昆明湖习惯上按位置分为南湖与西湖两个部分，而该岛因在南湖里称为南湖岛。它与西堤外湖中的镜治阁和藻鉴堂两个小岛一起，用来象征神话传说中海上的蓬莱、方丈、瀛洲三座仙岛。南湖岛也叫"蓬莱岛"，一直都是帝后们赏月和观看水师表演的地方。

整个南湖岛呈圆形，岛上建有龙王庙、鉴远堂、澹会轩、月波楼、云香阁等，均为毁后重建。南湖岛北部是用山石叠成的假山。假山上建有望蟾阁和岚翠间，为岛中的主体建筑。

望蟾阁是一座两卷殿，南面有露台，绕以石造雕栏。岛东南处有著名的十七孔桥相连东堤接壤湖岸，它四面环水，环岛用巨石砌成泊岸，并用青白石雕栏围护，视野广阔，八方佳景，一览无余。

在修十七孔桥的时候，特意请来了许多能工巧匠。那晶莹洁白的汉白玉，是石匠们一斧一凿从房山的大石窝开采的，流着汗水一步一步把它运来的。

有一天，修桥工地来了一个七八十岁的老头儿，

蟾 即蟾蜍，在我国古神话中认为月亮中有蟾蜍，故称月为蟾，并以蟾宫指月宫，寓意长寿。此外，蟾蜍被赋予了避兵器的功能。同时，蟾蜍还寓意财源兴盛，生活幸福美好。民间也有"刘海戏金蟾"的传统寓意，认为得之可致富。

头发长的过耳根台子，脸上的土有一个铜子儿厚。他背着工具箱子，一边走一边吆喝："谁买龙门石，谁买龙门石啊！"

工地上的人看他那肮脏劲儿，都以为他是疯子，谁也没搭理他。

老头在工地上转悠了三天，也吆喝了三天，还是没有人理他。于是老头背着工具箱子离开了工地，往东走到六郎庄一棵大槐树底下，坐在大槐树底下不走了。

老头夜里就睡在树底下，每天鸡叫头遍起身，抢起铁锤，叮叮当当凿那块龙门石。

一天傍黑儿，下起了瓢泼大雨，风吹雨渧迷得老头睁不开眼睛。他双手抱头，蹲在树底下背雨。正好，村西住的王大爷打这儿路过，见那个老头畏畏缩缩的样子，挺心疼，就让他搬到自个儿家里来住。

老头搬到王大爷家以后，不仅有房子住，而且还管饭吃。他整整住了一年，也叮叮当当一天不停地凿了一年龙门石。

一天早晨，他对王大爷说："今天我要走了，我吃你的饭，住你的房，你的恩情我一辈子也忘不了。我也没有什么报答的，就把这块石头留给你吧！"

王大爷瞅了瞅汉白玉的龙门石，对老头说："你也别说报答不报

皇家御苑
非凡胜景的皇家园林

■颐和园玉带桥雪景

答。为这块石头，你劳累了一年，还是你带走吧！我要它也没用。"

老头说："我这块石头，真要到节骨眼上，花100两银子还买不到呢！"说完，背起工具箱，顺着大道往南去了。

很快，修建十七孔桥的工程快完工了，乾隆皇帝还准备亲自前来"贺龙门"呢！没想到，桥顶正中间最后的那块石头，却怎么也凿不好、砌不上。

这可急坏了工程总监。这时候，有人想起了那个卖龙门石的老头，总监开始派人四面八方地去寻找他。

工程总监打听到那个老头曾在六郎庄住过，就亲自来到王大爷家。他一眼看到窗底下那块龙门石，就蹲下来量了量尺寸，结果是长短薄厚一分不差，就好像专为修桥琢磨的一样。

总监高兴得合不拢嘴，对王大爷说："这是天上下来神人专为修桥凿的，可救了我的急啦！你张口吧，要多少银子我就支付多少。"

王大爷说："你也别多给，那老头在我家吃住了一年，你就给我一年的饭钱吧！"

总监立马留下100两银子，就把龙门石运走了。还别说，这块龙门

■ 十七孔桥石狮子

石砌在十七孔桥上，不偏不斜，严丝合缝，竟然把龙门合上了！

那些石匠和瓦匠们，人人都吐了一口气，总算把石桥修成了呀！要不然，皇上怪罪下来，还有大伙的活路吗？

正当大伙高兴的时候，有个老石匠忽然醒悟过来，对大伙说："诸位师傅现在该明白了吧，这是鲁班爷下界，帮咱们修桥来啦！"人们这才恍然大悟，原来是祖师鲁班拯救了他们啊！

十七孔桥坐落在昆明湖上，飞跨于东堤和南湖岛之间，用以连接堤岛，为园中最大的石桥。

石桥宽8米，长150米，由17个桥洞组成。石桥两边栏杆上雕有大小不同、形态各异的石狮500多只。十七孔桥不但是前往南湖岛的唯一通道，而且是湖区的一个重要景点。

祖师 原指佛教、道教中创立宗派的人，又指创立某种学说或创造某种技艺而为众师法的人，同时也用于帮会的创始人。行业祖师崇拜是民间文化的一个分支，过去各行业都很重视，视其为本行业的保护神。

造型优美的十七孔桥，将昆明湖的水面分出层次，千亩碧波尽收眼底的空旷观感，因此桥的点缀，将空旷的孤寂感消弭无踪，这些都是造园设计者神工巧匠的神来之笔。

石桥两侧的栏杆上，雕刻有大小不同、形态各异的石狮544只。比起北京石狮子较为多的卢沟桥，还多59只。

从全园来看，南湖岛与万寿山佛香阁的位置在对景手法上呈一宾一主之姿。而西堤之外无限深远，借用园外西山淡抹的自然风光，给人开阔之感，确是景无边，意不尽。

十七孔桥上所有的匾联，都是乾隆皇帝撰写的。在桥的南端横联上刻有"修虫束凌波"五个字，形容十七孔桥如同一道彩虹，飞架于昆明湖碧波之上。

桥的北端横联则有"灵鼍偃月"几个大字，又把

■十七孔桥神兽

■ 颐和园镇水铜牛

吻兽-龙生九子之一，平生好吞。常用殿脊的兽头之形。这个装饰一直沿用下来。在古代建筑中，"五脊六兽"只有官家才能拥有。这种泥土烧制而成的小兽，被请到皇宫、庙宇和达官贵族的屋顶上，俯视人间，真有点"平步青云"和"一人得道，鸡犬升天"的意味。

十七孔桥比喻成水中神兽，横卧水中如半月状。桥北端的另一副对联写着：

虹卧石梁岸引长风吹不断；
波回兰浆影翻明月照还望。

使得十七孔桥的风景，在优雅宁静之夜游赏更加怡人。但是十七孔桥的桥洞为什么要建17个孔呢？因为桥正中的大孔，从桥两端数来正好是"9"，而"9"被称为极阳数，是封建帝王最喜欢的吉利数字，所以将桥建成17个孔。

在桥东有一尊镇水铜牛，镇水铜牛位于昆明湖的东堤，卧伏在雕花石座上，以神态生动、形似真牛而著称，1755年用铜铸成，称为"金牛"。据传是为镇压水患而铸。牛背上还铸有由乾隆帝撰写80字的篆体铭文《金牛铭》。铭文为：

> 夏禹治河，铁牛传诵。义重安澜，后人景从。制寓刚戊，象取厚坤。蛟龙远避，讵数鼍鼋。此昆明，潴流万顷。金写神牛，用镇悠永。巴邱淮水，共贯同条，人称汉武，我慕唐尧。瑞应之符，逮于西海。敬兹降祥，乾隆乙亥。

后来，又在万寿山上增建了宝云阁，宝云阁的外观似一座四方亭子，全部用铜铸成，又称"金殿"。

宝云阁通高7.55米，重207吨。外形仿照木结构建筑的样式，重檐歇山顶。殿构件柱、梁、椽、瓦、脊吻兽，连匾额等都像木结构。通体呈蟹青冷古铜色，坐落在一个汉白玉雕砌的须弥座上。

■颐和园宝云阁

■ 颐和园雪景

皇家御苑

非凡胜景的皇家园林

军机房 清代官署名。也称"军机处"、"总理处"。是清朝中后期的中枢权力机关。1729年，因用兵西北，以内阁在太和门外，恐漏泄机密，始于隆宗门内设置军机房，选内阁中谨密者入值缮写，以为处理紧急军务之用，辅佐皇帝处理政务。1732年改称"办理军机处"，简称"军机处"。设军机大臣、军机章京等，均为兼职。

在这稀世铜阁的内壁上，镌刻着四个人的名字：杨国柱、张成、韩忠和高永固，可能是此铜阁的铸造人，这个铜阁是采用失蜡法熔模铸造的，这种铸造法是我国古代三大铸造技术之一。

铜阁建成后，乾隆皇帝在阁前的牌坊上，书写了"侧峰横岭圣来参"的诗句。在此后的清朝统治时期，西藏僧人到达北京，都会来这里念经祈祷，举行参拜仪式。阁后石壁上高约十米的周边莲框，就是诵经时悬挂佛像用的。

就这样，直到1764年才建成了清漪园，共耗银480余万两。清漪园建成后，乾隆曾多次到园林里游玩，并留下了许多描写昆明湖的诗。

乾隆在昆明湖泛舟的诗中写道：

何处燕山最畅情，无双风月数昆明。

侵肌水色夏无暑，快意天容雨正晴。

倒影山当波底见，分流稻接塝边生。

披襟清永饶真乐，不藉仙踪问石鲸。

在诗中，乾隆认为昆明湖的风光应当是燕山一带风光之首。在这位皇帝的眼里，清漪园昆明湖的风光，已经如同仙境，可见乾隆对昆明湖的喜爱。

但是，由于清漪园园中理政及居住性质的建筑极少，所以乾隆帝游览清漪园都是在当日往返，从未在园中居住过。

直到嘉庆和道光两朝，清漪园仍保持乾隆时期的规模、内容和格局，只有极个别的建筑物的增损和易名。例如在嘉庆年间，改惠山园之名为"谐趣园"并加建"涵远堂"，霁清轩内加建"军机房"，拆除"乐安和"，拆除南湖岛上的"望蟾阁"改建为"涵虚堂"。

道光年间又平毁凤凰墩上的"会波楼"及配殿，为节约宫廷开支曾一度撤去各殿宇内的陈设和铺垫等。

阅读链接

鲁班的传说有很多，但是相传慈禧每次到颐和园听鹂馆听戏，总觉得不过瘾，于是下令修建一座大戏台，要求戏台建成人间、天堂、地狱三个境界。"神仙要能从天而降，小鬼要能从地狱里钻出来。"

一天，鲁班爷变成一个卖烧饼的老头来到工地上，叫卖的烧饼显得很特别。里外三层，两边微翘，中间有几个窟窿，还特意多放了盐。鲁班爷嘴里直嘟囔，三层，留洞，放盐。

鲁班爷走了以后，有个聪明的工匠醒悟过来，这是鲁班爷下凡指点迷津啊！于是马上照着三层、留洞、放檐的提示，修出了后来的德和园大戏楼。建成后的德和园大戏楼共分三层，上称福台、中称禄台、下称寿台，可同时演戏。

慈禧时期竭力修复补救

　　1860年，清漪园被付之一炬。1873年，载淳亲政，年号为同治，以奉养东、西宫太后为名，下令重修圆明园。清漪园内残存的部分建筑物被拆卸，将其旧料充作圆明园重建殿宇之用。但工程进行不久，

颐和园仁寿殿

■ 颐和园仁寿门

终因国库空虚，统治集团内部意见分歧而不得不于次年停止。

1875年，光绪皇帝载湉继位，起初由慈安和慈禧两宫太后垂帘听政，慈安崩逝后由慈禧太后一宫独裁。后来，光绪将清漪园勤政殿改为仁寿殿，取《论语》中"仁者寿"之意。

仁寿殿成为慈禧太后和光绪皇帝在颐和园居住时朝会大臣、接见外国使节的地方，是当时主要的政治活动场所。

慈禧太后垂帘听政之后，筹备修复清漪园，开始园林的修复工程。1888年，载湉颁布上谕：

> 万寿山大报恩延寿寺为高宗纯皇帝侍奉孝圣宪皇后三次祝之暇所，敬踵前规，尤征祥洽。

慈安（1837年—1881年），孝贞显皇后，钮祜禄氏。1861年，咸丰帝崩逝后，与孝钦显皇后两宫并尊，称母后皇太后，又称东太后，上徽号曰慈安皇太后。后联同慈禧太后、恭亲王发动辛酉政变，诛除八大臣。同治帝登基后，首度垂帘听政，训政20年，两度垂帘。1881年崩逝于钟粹宫。

■ 颐和园大戏楼

承德避暑山庄
我国古代帝王宫苑，清代皇帝避暑和处理政务的场所。位于河北省承德市市区北部。始建于1703年，历经清康熙、雍正、乾隆三朝，耗时89年建成。其拥有殿、堂、楼、馆、亭、榭、阁、轩、斋、寺等建筑一百余处。是我国三大古建筑群之一，它的最大特色是山中有园，园中有山。

其清漪园旧名，谨拟改为颐和园，殿宇一切亦量加葺诒，以备慈舆临幸。

恭逢大庆之年，朕躬率群臣同申祝恫，稍尽区区尊养微忱。

"清漪园"这个名字，从1750年的乾隆皇帝开始，一直延续了整整138年。又以"颐和园"的名字而载入我国近代历史的史册。

乾隆兴建清漪园的时候，正值"乾隆盛世"，建园工程有足够的财力和物力的支持。到慈禧太后重建颐和园，情况就完全不同了。

经过两次鸦片战争，清王朝国库再也拿不出整笔的款项来修造规模宏大的园苑了。但是为了建园，慈禧太后想方设法为建园寻找经费。

据内务府在1887年开列的《万寿山已修未修齐工程清单》的记载，这一年园内已竣工的建筑物共计24

处，约占颐和园全部建筑的三分之一。

1891年，慈禧又耗资71万两白银，历时四年建造了一处听戏的场所，名为德和园。当年，这里与紫禁城里的畅音阁、承德避暑山庄的清音阁并称清宫三大戏台，但以它为最大，且建筑精美，气势宏伟。

德和园大戏楼有四层，高达21米。底层的戏台宽17米，戏台的顶板有天井，台底设地井，可以按照需要，演员由天井下降，或由地井钻出。戏台二层设有绞车架，准备机关布景使用。戏台下面有水井，演出需要时，台上可喷出水泉。

大戏楼上层匾额为"庆演昌辰"，意思是良辰吉日为祝寿而演出。中层匾额是"承平豫泰"，意为太平盛世之际，以音乐歌颂功德。下层匾额是："欢胪荣曝"，意为欢乐的演出、光荣的献艺。

1894年，慈禧太后60岁，为了赶在生日这天之前

畅音阁 为清宫内廷演戏楼，全称为故宫宁寿宫畅音阁大戏楼，位于故宫博物院内养性殿东侧，宁寿宫后区东路南端，座南面北，建筑宏丽。1772年始建，1776年建成。在我国古代，看戏是皇宫中的主要娱乐。每逢各种节日，如元旦、立春、端午、七夕、中秋、重阳、冬至、除夕以及皇帝登极、帝后生日等重大庆典，都要在宫中看戏。

■颐和园玉带桥

全部完成颐和园修建工程，以便举行庆典活动，慈禧太后对工程的进度抓得更紧了。她命主管官员每隔五天向她呈交一次书面汇报。

慈禧太后一直非常重视颐和园的修建，原来打算全面恢复清漪园时期的规模，并曾命样式房绘制有关的规划设计图纸。但在建设过程中由于经费筹措困难，材料供应不足，不得不一再收缩。

最后，工程完全放弃了后山、后湖和昆明湖西岸，而集中经营前山、宫廷区、西堤、南湖岛，并在昆明湖沿岸加筑宫墙。

按宫墙以内计算，颐和园占地面积为290万平方米，比清漪园略小一些。建园工程前后历时八年。恢复、改建、新建以及个别残存的建筑物和建筑群组共97处。

颐和园终于建成了。建成后，慈禧太后几乎每年的大部分时间都住在园内。一般是正月就带着载湉来到颐和园，直到农历十一月才返回紫禁城。

在此期间，慈禧太后在园内处理政务、举行典仪，因而园林的性质已经改变为离宫御苑了，成了与紫禁城相联系着的政治中心。

阅读链接

据清宫记载，从德和园建成之后到慈禧死亡的13年间，仅前11个年头，她在这里看戏的次数就达到了262天次，最多一年中看40天次。她每次来园的第二天必来看戏。直到她死前的35天也还在这里看戏。

这座戏楼没有一般的观众席，慈禧在戏台对面的颐乐殿里由后妃、公主和福晋等陪同看戏，光绪只能坐在廊上陪看，东西两廊原来不设门窗，是赏王公大臣看戏的地方。

建成后的德和园大戏楼共分三层，上称福台、中称禄台、下称寿台，可同时演戏。